진로탐색과 설계

이 용 규 지음

신광문화사

머리말 Preface

심리학자 에릭슨은 인간 발달 단계에서 청년기의 주요한 과제는 직업을 정하는 것이라고 하였다. 대학생이 직업과 관련한 다양한 활동을 대학의 수업에서 체계적으로 준비하는 것은 학생 개인에게 있어 매우 의미 있는 일이다. 「진로탐색과 설계」는 대학 1학년들을 대상으로 대학생활은 물론 인생을 성공적으로 안내하는 이정표와 같은 역할을 하는 교과이다. 이와 같이 중요한 교과이기 때문에 각 대학에서는 다양한 명칭을 사용하여 교양교과로 개설하고 있는 추세이다.

본 교재는 1학기 동안 진행하는 「진로탐색과 설계」의 수업을 위하여 구성하였다. 본 교재는 저자의 「대학생을 위한 진로지도」의 개정판에 해당하며, 주된 내용은 크게 3영역으로 구분할 수 있다. 첫째는 자아탐색의 영역이다. 학생들이 진로를 결정하기 이전에 자신에 대한 이해를 도와 합리적인 진로 선택을 하게 한다. 둘째는 학습실행의 영역이다. 진로를 정한 학생들이 계획의 실행을 위해 학습기술을 비롯하여 자기관리 기술을 배운다. 셋째는 진로설계의 영역이다. 학습을 통하여 자신의 가치를 높이고 원하는 직업을 찾을 수 있는 구직기술을 배운다.

최근 수 년 동안 진로탐색과 관련하여 대학을 둘러싼 교육환경에서 몇 가지 주요한 변화가 있었다. 첫째, 정부는 대학을 평가하는 주요한 지표의 하나로 취업률을 사용하게 되었다. 일부 평가방식이 바뀌고 있으나 대학의 지역적 특성과 전공의 특성을 고려하지 않은 채 취업률을 평가의 지표로 적용하는 것은 문제가 있다는 시각이 많다. 하지만 결과적으로 국가는 취업률 지표를 사용하여 대학과 전공학과에게 정체성을 직면시키고, 나아가 직업교육에 충실하도록 하여 국가의 경제 발전과 사회 안정에 기여할 것을 대학에 요구하고 있다고 볼 수 있다. 이런 기류는 현재 대학의 구조조정과 맞물리게 되므로 더욱 강화될 것으로 보인다. 그러나 여기에는 적지 않은 부작용이 뒤따를 것으로 예상된다. 교수들은 취업률과 관련하여 학생들에게 끊임없는 노력과 경쟁을 요구하고 강요할지 모른다. 대학생의 여유로운 생활과 상아탑적인 대학의 로망은 상당 부분 희생되어야 할 것이다. 그러나 젊은이라면 이와 같은 풍조에 대해 '이건 아니야'라고 한 번쯤 반문하여야 하지 않을까. 학생들에게 부단한 노력과 여유의 조화가 필요할 것으로 생각한다.

둘째, 대학생들의 스펙 쌓기 양상이 너무 심화되었다. 예를 들면 외국 대학의 어학연수를 위해 휴학하는 일은 이제 흔한 일이 되었다. 많은 대학생이 적지 않은 시간을 투자하여 어학실력을 증명하기 위한 자격시험을 준비한다. 또한 방과 후와 방학을 이용해서는 국가 혹은 민간 자격증을 취득하기 위하여 학원을 다니기도 한다. 이와 같은 배경에는 좋은 직장을 찾기가 쉽지 않다는 것 외에도 취업률 향상을 위해 대학과 사회가 학생들의 스펙 쌓기 프로그램을 제공하거나 부추기고 있음을 부정할 수 없다. 그런데 최근 기업의 인사 담당자들은 오히려 스펙이 화려한 지원자들을 식상해하는 추세이다. 수업을 통해 학생들이 자신을 잘 이해하게 된다면, 자기만의 브랜드 가치를 높이기 위한 전략을 세우는 것이 무작정 스펙 쌓기보다 오히려 빛을 발할 수 있을 것으로 생각한다.

셋째, 많은 대학에서 대학생의 인성교육이 강화되었다. 중·고등학교에서 발생하는 학교폭력, 자살, 학업중단, 게임 중독, 스마트폰 중독, 청소년 비행 등 여러 문제들은 우리 사회가 안고 있는 문제이며 가정과 학교, 사회가 공동으로 해결해야 할 과제이다. 그러나 기업체에서는 대학에게 인성교육이 우선되어야 한다고 하며, 인성이 좋은 학생들을 추천해 달라고 요구하고 있다. 대학에서 학생들의 인성교육을 잘하면 많은 부분이 해결되겠지만 그것은 쉽지 않은 일이다. 더군다나 대학생들이 스펙 쌓기에 치중하다보면 인성교육과는 더욱 거리가 멀어진다. 그동안 입시경쟁 체제에서 생활해 온 학생들이지만 대학에서 다양한 학생활동, 동아리활동, 사회봉사, 진로활동을 통한다면 조금씩 긍정적으로 변화할 것이라고 기대한다.

교재의 활용을 효과적으로 하기 위해 교수님들께서는 교재의 목차에서 필요한 부분을 취사선택하여 순서를 자유롭게 정하여 진행하실 수 있다. 특히 심리검사를 실시할 경우는 대학의 상담실 혹은 코칭센터 등을 적극 활용하는 것을 추천해 드린다. 또한 고용노동부 워크넷을 이용하면 학생들이 무료로 다양한 진로심리검사를 실시할 수 있으며, 자세한 검사보고서를 학생 본인이 받아 볼 수 있다. 워크넷의 진로심리검사들은 본 교재의 진로심리검사와 내용이 유사하므로 수업 중 편리하게 사용할 수 있다.

수강하는 학생들에게는 수업을 통하여 자기와 타인을 이해하고 대인관계가 향상되기를 기대한다. 그리고 자신의 흥미와 적성을 찾는 다양한 활동에 참여하여 자신의 목표를 설정하기를 기대한다. 목표가 설정되면 자신에 맞는 진로설계를 하여 실천하도록 노력하기를 바란다. 끝으로 각자 「진로탐색과 설계」 수업에 적극적으로 임하여 교과를 지도하시는 교수님과 함께 성공적인 인생의 토대를 쌓기를 희망한다.

차례

차례 2

제1장

자기이해하기

1. 자아존중감
2. 자아정체감
3. 자아효능감

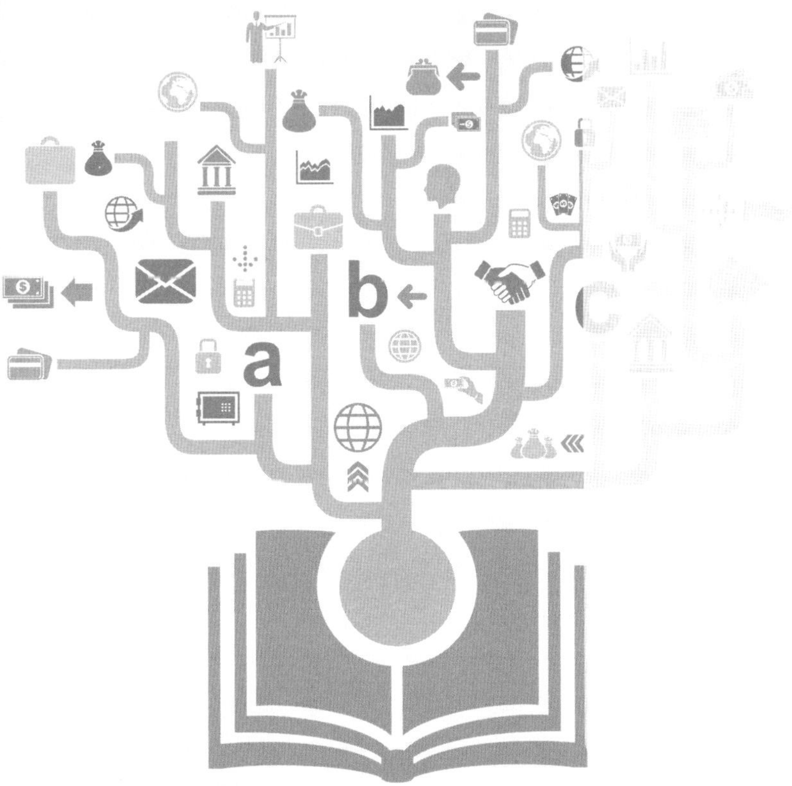

MEMO

대학생이 되면 고등학생에 비해 상대적으로 많은 자유를 누리게 된다. 대학생은 청소년으로서 그동안 누리지 못했던 다양한 체험을 할 수 있기 때문에 청소년기에는 대부분 빨리 대학생 혹은 어른이 되기를 바라는 경향이 있다. 그렇다면 이제 여러분에게 묻고 싶다. 성인이 된 여러분의 기분은 어떠한가? 어떤 사람은 마음껏 자유를 누릴 수 있어서 기쁠 수도 있고 해방감에 만족할 수 있다. 어떤 사람은 졸업 후의 미래를 준비하기 위한 책임감으로 각오를 다질 수도 있다. 경험으로 비추어 볼 때 대학생들은 입학하자마자 금방 졸업을 하는 것 같다. 저자만 그렇게 느끼는 것이 아니라 그동안의 졸업했던 많은 졸업생들이 그렇다고 말하는 것을 보면 사실인 것 같다. 여하간 시간이 그만큼 빠르게 지나간다는 뜻이다. 결국 빠른 대학 생활이기 때문에 대학 생활을 시작하는 1학기에 이런 주제에 대하여 생각해 보는 일은 매우 뜻 깊은 일이다. 만약 2학기에 이 과목을 수강하는 학생이라면 또한 늦기 전에 자신의 진로에 대하여 심사숙고하는 시간을 갖는 것에 대해 기쁘게 생각하여야 할 것이다.

진로지도 교과에서 굳이 여러분에게 공부를 열심히 하여야 한다거나 대학 생활을 충실하게 보내야 한다는 일반적인 이야기는 하지 않을 것이다. 그보다는 수업을 통하여 여러분들이 성실하게 참여하는 과정을 통하여 여러분들이 스스로 답을 얻도록 하는 것이 바람직할 것이다. 그러면 대학 생활을 어떻게 보내야 할까? 각자의 가치관과 목표가 다르기 때문에 대학 생활을 어떻게 보낼 것인가는 다를 것이다. 그런 뜻에서 첫 시간에는 각자의 인생에 대한 가치관을 다시 한 번 짚어보는 것은 의미 있는 일이라고 생각한다. 그리고 타인의 인생관 또는 가치관을 들어 보는 것도 중요할 것이다.

MEMO

여기서 마빈 토케이어의 탈무드 이야기를 소개한다. 다섯 가지의 쾌락이라는 비유인데, 내용을 요약하면 대체로 이렇다.

「어떤 배가 항해를 하다가, 폭풍우로 인해 배가 항로에서 벗어나게 되었다. 다음 날 배는 아름다운 어느 섬에 도착하였다. 그 섬은 그야말로 낙원과 같아서 아름다운 꽃이 만발하고 맛있는 과일이 달린 나무도 많았다. 나무들이 시원한 그늘을 만들어주고 새들이 즐겁게 노래하였다.

섬에 도착한 후에 배에 탔던 손님들은 5부류로 나뉘었다. 첫째는, 이 섬이 아무리 아름답더라도 배가 휩쓸려 떠나갈지도 모르고 자신들의 목적지에 가지 못할 것을 우려해서 아예 상륙하지도 않고 배에 남았다. 둘째는, 서둘러서 배에서 내려 섬으로 가서 맛있는 과일도 따먹고 향기로운 꽃향기도 맡고 원기를 회복 한 후에 다시 배로 돌아왔다. 셋째는, 섬에 상륙해서 너무 오래 있다가 순풍이 와서 배가 떠나려고 하니까 서둘러서 오느라고 소지품을 잃어버리거나 배안의 좋은 자리를 놓치고 말았다. 넷째는, 배가 떠나려는 채비를 하였음에도 설마 그냥 떠나랴하고 있다가 정말 배가 떠나니까 당황해서 헤엄쳐 오다가 상처도 입고 겨우 배를 타게 되었다. 그렇지만 입은 상처는 항해하는 동안 아물지 않았다. 다섯째는, 섬에 도착해서 너무 많이 먹고 도취하여 섬 속 깊이 들어갔다가 배가 떠날 때 울리는 종소리도 듣지 못하고 맹수에 잡혀 먹거나 독이 든 과일을 먹고 병이 들어 모두 죽었다.」

마빈 토케이어는 이야기 속의 배는 인생에 있어서 선행을 의미하고, 섬은 쾌락을 상징한다고 하였다. 그에 설명에 따르면 첫째 그룹은

MEMO

인생에서 쾌락을 조금도 맛보려고 하지 않았다. 둘째 그룹은 조금은 쾌락에 잠겼지만, 자신이 배를 타고 목적지에 도착하지 않으면 안 된다는 의무는 잊지 않았다. 가장 현명한 그룹이다. 셋째 그룹은 쾌락에 지나치게 잠기지 않고 돌아왔지만 역시 좀 고생을 했고, 넷째 그룹은 돌아왔지만 돌아오는 것이 늦었고 목적지에 도착하기까지 상처가 아물지 않았다. 그러나 인간이 빠지기 쉬운 것은 다섯 번째 그룹이다. 일생을 허영 때문에 살거나, 장래의 일을 잊어버리거나, 달콤한 과일 속에 독이 들어 있는 것도 모르고 먹기도 한다.

일반적으로 비유는 보편적인 적용이 가능하기 때문에 저자는 이야기 속의 배를 인생이라고 생각하였다. 그렇다고 생각하면 인생을 사는 방식도 다섯 가지 부류로 나눌 수 있을 것이고, 사람들 또한 다섯 부류 속에 속할 것이다.

활동하기

1. 자신의 진로에 대하여 깊게 생각해 본 경험이 있는가?

- 각자 학생 자신이 대학에 입학하기 전에 깊게 생각해 본 경험에 대한 느낌을 나누어 본다. 고등학교뿐만 아니라 초등학교, 중학교 때의 경험이라도 좋다. 발표하는 요령은 언제 어디서 나의 진로에 대하여 깊게 생각해 본 적이 있다고 말한다. 깊게 생각하였다는 것이 중요하다. 어떤 학생은 깊게 생각해 본 적이 있을 수도 있고 어떤 학생은 그런 경험이 없을 수도 있다. 나의 이야기를 하고 남의 이야기를 듣는 과정을 통하여 느낌을 나누는 것이다. 여기서 느낌을

MEMO

나눈다고 한 것은 각자의 느낌이 각각 다르기 때문이다.

2. 대학에 입학한 후 자신의 포부를 말해 보자.
- 드디어 대학에 입학해서 내가 원서를 낸 학과에 합격하였다. 각자 원하는 바를 이루었기 때문에 나름대로 기쁨이 많을 것으로 생각한다. 혹은 본인의 꿈이 너무 크기 때문에 만족하지 않을 수도 있을 것이다. 앞으로 대학 생활을 하게 될 남은 기간 동안 나는 무엇을 할 것인지 포부를 말해 보자. 현실적인 것이어도 좋고 당찬 포부여도 무방하다. 나의 포부는 이렇다고 말하는 것이 중요하다.

3. 탈무드의 이야기에 따르면 많은 사람들이 다섯 번째 그룹에 속한다고 한다. 젊은이들, 특히 대학생의 정신을 빼앗는 쾌락에는 무엇이 있는지 이야기를 나누자.
   - 대학 생활을 못하게 만드는 여러 가지 일들이 있을 것이다. 재미있는 일이라서 목표를 잊게 만들거나 또는 목표의 순위를 바꾸게 만드는 즐거움이 있다면 바로 그것을 말하는 것이리라. 아르바이트에 전념하는 경우도 있을 것이고, 이성교제나 컴퓨터 게임이나 오락도 해당될 것으로 생각한다. 생각해 보면 우리 주변에 여러분의 대학 생활을 방해하는 쾌락의 섬은 아주 많다.

MEMO

1. 자아존중감

1.1 자아존중감의 정의

자아존중감(self-esteem)은 인간의 발달 단계에서 보면 유치원 무렵에 나타난다. 자아존중감은 자기존중감으로 번역되기도 하며 자기가치감과 동의어로 사용되기도 한다. 장휘숙(2000)은 자기존중감이란 자신의 가치에 대한 판단 및 그 판단과 연합된 감정을 의미한다고 하였다.

이시야마(1984)에 의하면 일반적으로 자아존중감이 높은 사람은 다른 사람과의 인간관계가 원만한 반면, 낮은 자아존중감을 가진 사람은 그렇지 못하다고 하였다. 즉, 사회적 상황에서 자주 긴장하고 어색함을 느끼기 때문에 다른 사람과 의사소통이 어렵다. 그리하여 자아존중감이 낮은 사람은 고립감과 외로움으로 고통을 겪으며 다른 사람을 기쁘게 해 주려고 하기 때문에 다른 사람의 영향에 특히 취약한 특성을 지니고 있다는 것이다.

자아존중감을 연구한 로젠버그 Rosenberg (1986)에 따르면 어릴 적에 형성된 자아존중감은 청년기에 들어서 큰 감소가 일어나지 않는다고 하였다. 따라서 어렸을 적에 큰 자아존중감을 가진 사람은 청년기에 들어서도 높은 자아존중감을 유지하게 된다. 바꾸어 말하면 어렸을 적에 낮은 자아존중감을 가졌던 사람은 청년기에 들어서도 낮은 자아존중감을 유지하게 된다고 할 수 있다.

대학의 교실에서 볼 수 있는 자아존중감이 낮은 학생은 현재의 문제라고 생각할 수 있지만 사실은 과거로부터 연속된 문제이다. 그렇

MEMO

다면 현재 자신의 자아존중감은 어떤 상태인가를 알 수는 없을까? 학생 각자가 자신의 자아존중감을 측정함으로써 그 상태를 알 수 있다면 현재의 자신의 상황을 설명할 수 있을 것이다. 자아존중감이 높은 사람은 높은 사람대로, 낮은 사람은 낮은 사람대로 자신을 이해하여 현재를 점검하는 것은 중요한 일이다. 왜냐하면 청년기는 앞으로 살아가야 할 시간이 중년기 이후보다 상대적으로 더 많이 남아있어서 그만큼 조정할 기회가 많기 때문이다.

1.2 자아존중감 척도

자아존중감을 측정하기 위한 방법으로서 국내에는 로젠버그(1965)가 개발한 척도를 번안한 전병제(1974), 김문주(1988), 윤유경(1996) 등의 연구가 있다. 여기에서는 전병제의 척도를 소개한다. 이 척도는 자기 자신에 대하여 평가하는 자아상을 자존감의 반영으로 보고 이를 측정하고 있다. 총 10문항으로 구성되어 비교적 간단한 척도이며 각 문항은 4점 리커트 척도로 되어 있다.

자아존중감 척도

아래의 문항들은 '여러분이 자신을 어떻게 보느냐' 하는 자신에 대한 생각을 나타내는 문항입니다. 여러분의 생각을 잘 나타내 주는 난에 ○표를 해 주시기 바랍니다.

MEMO

<범례> 1. 대체로 그렇지 않다, 2. 보통이다, 3. 대체로 그렇다, 4. 항상 그렇다

문항	내 용	1	2	3	4
1	나는 내가 다른 사람들처럼 가치 있는 사람이라고 생각한다.				
2	나는 좋은 성품을 가졌다고 생각한다.				
3	나는 대체적으로 실패한 사람이라는 느낌이 든다.				
4	나는 대부분의 다른 사람들과 같이 일을 잘할 수가 있다.				
5	나는 자랑할 것이 별로 없다.				
6	나는 내 자신에 대하여 긍정적인 태도를 가지고 있다.				
7	나는 내 자신에 대하여 대체로 만족한다.				
8	나는 내 자신을 좀 더 존경할 수 있으면 좋겠다.				
9	나는 가끔 내 자신이 쓸모 없는 사람이라는 생각이 든다.				
10	나는 때때로 내가 좋지 않은 사람이라고 생각한다.				

위의 척도에는 긍정적 자아존중감 5문항과 부정적 자아존중감 5문항으로 구성되어 있다. 긍정적 문항은 그대로 점수를 계산하지만 부정적 문항의 경우는 반대로 채점하면 된다. 즉, 부정적 문항의 4점은 1점으로, 3점은 2점으로, 2점은 3점으로, 1점은 4점으로 처리한다. 점수 범위는 최소 10점에서 최대 40점까지이며, 점수가 높을수록 자아존중감이 높은 것을 의미한다.

활동하기

1. 자신의 자아존중감은 높은 편인가? 자신의 자아존중감 형성에 영향을 준 사람이나 사건은 무엇인가 이야기하여 보자.

2. 자신의 자아존중감을 높이는 방법은 무엇일까? 각자의 생각을 이야기해 보자.

MEMO

2. 자아정체감

2.1 자아정체감의 정의

권중돈 · 김동배(2005)는 자아정체감을 자신의 독특성에 대한 비교적 안정된 느낌을 갖는 것으로, 행동이나 사고 혹은 정서의 변화에도 불구하고 변화하지 않는 부분이 무엇이며 자신이 누구인지를 아는 것이라고 하였다. 그리고 개인의 자아정체감을 ① 각 개인이 인간이라는 느낌, 즉 인간성 차원, ② 남성 혹은 여성이라는 느낌, 즉 성별 차원, ③ 각 개인이 독특하고 특별하다는 인식, 즉 개별성 차원, ④ 시간 경과에도 불구하고 동일한 사람이라는 인식, 즉 계속성 차원이라는 4가지 차원으로 구분하였다.

개인의 자아정체감을 중요하게 언급한 사람은 에릭슨(Erikson, 1968)이다. 그는 사람의 심리사회적 발달 단계를 8단계로 구분하였는데, 자아정체감과 밀접한 관련이 있는 발달 단계는 다섯 번째 단계에 해당한다. 다섯 번째 단계는 연령적으로 청년기에 해당하며 자아정체감 대 자아정체감 혼란의 시기로 가정하였다. 이 단계를 성공적으로 극복하면 성실감을 형성하지만 그렇지 못한 경우는 자아정체감 혼란을 가져온다. 에릭슨에 의하면, 청년기의 심리사회적 문제의 해결은 각자 개인의 이전 단계의 심리사회적 위기들을 어떻게 해결하였

MEMO

는가에 달려 있다고 하였다. 즉, 자아정체감을 확립하기 위해서는 청년기 이전의 심리사회적 위기에 해당되는 신뢰감, 자율성, 솔선 및 근면성에 대한 건강한 해결이 필요하다는 것이다. 그는 이와 같이 인간의 심리사회적 발달을 이와 같이 서로 연결된 것으로 보고 있는 것이다.

앞에서도 자아존중감을 설명할 때 언급하였지만 개인의 현재 모습은 과거와의 연결이라는 것을 자아정체감을 통해서도 알 수 있다. 이는 개인의 발달 과정에서 순간순간이 매우 중요하게 인생에 연결되어 있음을 생각하게 만든다. 그렇지만 청년기 이전의 단계는 성숙되지 않은 상태이며 부모의 양육을 받는 시기이므로 개인의 판단 결과로 돌릴 수는 없을 것이다. 개인의 결정보다는 오히려 개인을 둘러싼 양육자와 주변 환경의 영향이 더 크다는 것은 부정할 수 없는 사실이다. 그렇다면 자아정체감이 낮게 형성된 대학생은 어떻게 하여야 하는가라는 의문이 생긴다. 과거로부터의 영향으로 나왔다면 자신의 자아정체감은 이미 결정되었으며 앞으로도 변화하지 않을 것으로 생각할 수도 있다. 이에 대한 대답은 그렇지 않다는 것이다. 이에 대하여 장휘숙(2000)은 희망적인 이론적 근거를 제시하고 있다.

그에 따르면 자아정체감 형성은 아동기의 경험과 동일시에 뿌리를 두고 있지만, 실제적인 발달은 청년 후기에서부터 성인기까지 계속적으로 이루어진다고 하였다. 신체적 변화가 급격히 일어나는 청소년기는 자아정체감 확립에 그다지 관심이 없다. 안정된 자아정체감을 형성하기 위해서는 신체적 성장과 성적 성숙, 추상적 사고능력의 발달 그리고 정서적인 안정성이 선행되어야 한다고 하였다. 동시에 부모나 동년배 집단의 영향으로부터 어느 정도 자유로울 수 있어야 한다고

MEMO

하였다.

그렇다고 하면 대학생 시기인 지금이 자아정체감 확립을 하는데 유리하다고 볼 수 있다. 적극적으로 이 시기에 자아정체감을 확립하도록 임할 필요가 있다. 그러기 위해서 자신을 더욱 이해하려는 자세를 가지고 계속적인 자기 탐색이 이루어져야 한다.

2.2 자아정체감의 유형

자아정체감에 대하여 마르시아 Marcia (1980)는 4가지로 발달 상태를 구분하여 설명하고 있다. 그는 위기(crisis)와 전념(commitment)이라는 두 가지 차원으로 자아정체감을 구분하였다. 위기는 역할 실험과 대안적 선택 중에서 의사결정을 할 수 있는 능력을 말한다. 즉, 그동안 자기 자신이 결정을 내려 선택을 해 왔는가 하는 정도이다. 만약 자신의 결정이 아니라 부모 혹은 형제나 다른 사람들에 의한 결정이었다면 위기는 없었던 것이라고 할 수 있다. 혹은 그동안 자신이 결정할 기회가 많았나로 생각할 수 있다. 예를 들면 동아리 활동, 전공 학과의 선택, 친구의 선택, 여행 장소, 신발의 색깔 등등 일상생활에서 자신이 결정할 일은 매우 많다. 전념이란 직업 활동, 종교, 정치 이념 등의 수행에 몰입하는 정도를 말한다. 즉, 그동안 자신에게 주어진 시기에 열심히 하였는가를 말한다. 열심히 자신의 시기를 보냈거나 과제에 충실하였다면 전념하였다고 볼 수 있다. 여러분은 이 시간 <표 1.1>에서 어떤 유형에 속하는가를 신중히 생각하라.

MEMO

표 1.1 자아정체감의 유형

<table>
<tr><th rowspan="2">전념하였는가?</th><th colspan="2">위기가 있었는가?</th></tr>
<tr><th>예</th><th>아니오</th></tr>
<tr><td>예</td><td>성취</td><td>유실</td></tr>
<tr><td>아니오</td><td>유예</td><td>혼란</td></tr>
</table>

에릭슨은 성취와 유예는 심리적으로 건강하지만 유실이나 혼란은 부적응적인 것으로 보았다. 그에 따르면 성취와 유예인 사람은 자아존중감이 높고, 추상적이고 비판적인 사고를 한다. 그리고 현실자아와 이상자아와의 차이가 크지 않고 높은 수준의 도덕성을 가지고 있다. 또한 자신을 지나치게 의식하지 않고 있는 모습 그대로 다른 사람에게 자신을 드러내 보인다. 반면 유실과 혼란인 사람은 독단적이고 융통성이 없으며 부적응 행동이나 문제를 일으킨다. 다른 사람과의 의견 차이를 수용하지 못하고 자신을 거부한다고 생각한다. 타인으로부터 거부당할 것을 두려워하기도 하고, 자신의 인생이 어떻게 되든 상관없다는 식으로 행동하기도 한다. 다른 사람의 행동을 그대로 모방하거나 미래에 대한 꿈도 갖고 있지 경우가 많다.

여기서 잠깐 생각해야 할 것이 있다. 마르시아의 자아정체감 유형 분류는 광범위하다는 것이다. 네 가지 유형 중에 속하기는 하지만 경계 부근에 있을 수도 있고 각자 위치가 다를 것이다. 즉, 너무 유형 분류상 유실이나 혼란에 해당된다고 해서 부정적으로 생각할 필요는 없다. 지금 비로소 자신의 자아정체감 유형을 알았기 때문에 이후의 방향과 목표를 정하는데 필요한 자료로 사용하면 된다. 자아정체감이

MEMO

혼란 또는 유실인 사람은 어떻다는 말인가. 저자는 대학 시절이야 말로 이와 같은 자아정체감을 확립시킬 수 있는 절호의 시기라고 본다. 이러한 특성 때문에 대학시절을 심리사회적 유예기간이라고 부른다.

2.3 자아정체감 척도

자아정체감을 측정하기 위한 방법으로는 디그넌 Dignan (1965)의 Ego Identity Scale을 수정 번역한 서봉연(1975)의 연구와 최정훈 외(1986)가 제작한 척도를 수정한 조학래(1996)의 연구가 있다. 여기에서는 최정훈 외의 척도와 조학래의 척도 중에서 중복되는 문항을 제외하고 수정한 척도를 소개한다. 척도의 내용은 독특성, 미래계획, 사회성, 자기수용, 자율성, 적응력, 가치의 7개 하위차원에 대한 요인분석 결과 요인 적재치가 낮은 1개 문항을 제외한 총 27개 문항으로 구성되어 있다.

자아정체성 척도

올바른 자기이해는 건전한 성장과 발달에 매우 중요합니다. 다음은 당신 자신에 관한 질문입니다. 각 항목의 내용들이 당신의 경우에 어떻게 해당되는지 판단한 후 하나에만 ✔표 해주십시오.

MEMO

번호	질문내용	전혀 그렇지 않다	대체로 그렇지 않다	그저 그렇다	대체로 그렇다	매우 그렇다
1	나에게는 나를 특징지어주는 독특한 면이 있다.	①	②	③	④	⑤
2	나는 무슨 일을 하며 살아갈지 아직 결정하지 못했다.	①	②	③	④	⑤
3	경험하지 않았던 일이 닥쳐도 나는 두렵지 않다.	①	②	③	④	⑤
4	나는 남들로부터 개성이 없다는 이야기를 듣는다.	①	②	③	④	⑤
5	나에게는 진정한 친구들이 있다.	①	②	③	④	⑤
6	일관된 목표를 세우고 실행하는 면이 나에게는 부족하다.	①	②	③	④	⑤
7	갑작스럽고 커다란 사회의 변화를 나름대로 해석할 수 있다.	①	②	③	④	⑤
8	나의 미래상은 때때로 바뀐다.	①	②	③	④	⑤
9	나는 어떤 면에서는 다른 사람보다 능력이 있다.	①	②	③	④	⑤
10	나는 어떤 행동을 하고나서 내가 한 일에 대해 후회할 때가 많다.	①	②	③	④	⑤
11	나는 친하지 않은 사람들과 있게 되면 거북하다.	①	②	③	④	⑤
12	나는 외부적인 변화에 대해 흔들리지 않는다.	①	②	③	④	⑤
13	나는 장래에 어떤 일을 하면서 살아갈지 구체적으로 생각해보았다.	①	②	③	④	⑤
14	내가 앞으로 무슨 직업을 갖게 되건 관심이 없다.	①	②	③	④	⑤
15	나 스스로 어떤 결정을 내리는 것이 어렵다.	①	②	③	④	⑤

MEMO

번호	질 문 내 용	전혀 그렇지 않다	대체로 그렇지 않다	그저 그렇다	대체로 그렇다	매우 그렇다
16	어떤 모임에 처음 나가서 나 자신을 소개하는 데 주저하지 않는다.	①	②	③	④	⑤
17	내가 다른 환경에서 성장했다면 하는 생각이 든다.	①	②	③	④	⑤
18	나는 사람을 사귀는데 까다롭다.	①	②	③	④	⑤
19	다른 사람이 할 수 있는 일은 나도 할 수 있다.	①	②	③	④	⑤
20	내게는 남다른 경험이 없다.	①	②	③	④	⑤
21	나는 어떤 일을 하고 싶어도 선뜻 실행하지 못한다.	①	②	③	④	⑤
22	나는 생활 속에서 겪는 사건들을 판단하는 일관된 기준을 가지고 있다.	①	②	③	④	⑤
23	나는 인생을 어떻게 살아갈지 걱정이 많다.	①	②	③	④	⑤
24	다른 사람들이 내게 관심을 가져준다.	①	②	③	④	⑤
25	나에게는 평생을 바쳐 하고 싶은 일이 있다.	①	②	③	④	⑤
26	내가 보잘것없는 존재같이 느껴진다.	①	②	③	④	⑤
27	나에게는 나 나름대로의 매력이 있다.	①	②	③	④	⑤

이 척도는 5점 리커트 척도로 구성되어 있으며, 1점 '전혀 그렇지 않다'에서 5점 '매우 그렇다'로 평정을 하게 되어 있다. 부정적 진술의 응답은 긍정적 진술의 응답과는 반대로 작성된다. 자아정체성 점수는 최저 27점에서 최고 135점까지이며, 총점이 높을수록 자아정체성의 발달 수준이 높음을 의미한다.

MEMO

● 활동하기

1. 나의 자아정체감 정도는 어떤 상태에 있는가? 나의 자아정체감 형성에 영향을 준 사람은 누구인가 이야기하여 보자.

2. 대학생은 자아정체감의 유예 시기라고 한다. 자아정체감 성취를 위한 방법이 있다면 무엇일까 생각을 이야기하여 보자.

3. 자아효능감

3.1 자아효능감의 정의

자아효능감(self-efficacy)을 처음으로 말한 사람은 관찰학습으로 유명한 반두라 Bandura (1982)이다. 그에 의하면 자기효능감이란 자신이 특정 행동을 성공적으로 수행할 수 있다는 신념을 말한다. 이와 같은 자아효능감은 내적 행동평가기준과 자아강화기제에 의해 형성된다고 한다. 사람들은 자아효능감에 따라서 자신이 어떻게 행동하여야 할지를 결정하며, 과제에 대하여 선택과 준비, 심지어 처벌까지도 생각하게 한다. 일반적으로 자아효능감이 낮은 사람은 과제를 더 어렵다고 느끼게 한다. 왜냐하면 과제의 성공보다는 자신의 약점을 먼저 생각하기 때문이다.

자아효능감은 여러 방면에서 사람들의 행동들을 이해하는 데 도움

MEMO

을 준다. 어떤 사람은 과제에 도전하는 반면 어떤 사람은 시작을 하기도 전에 포기한다. 과제의 내용은 다양하여 학교 장면에서 적용하면 쉽게 이해할 수 있다. 리포트를 작성하는 일, 발표 자료를 준비하는 일, 여러 사람 앞에서 발표하는 일, 필기시험, 면접 등 다양하다.

3.2 자아효능감 척도

자아효능감의 측정은 반두라(1977)가 제작한 척도를 국내에서 적용한 손명자(1984)의 연구, 팁톤 Tipton 과 워싱톤 Worthington (1984)의 연구를 적용한 양숙미(2000) 등의 연구가 있다. 여기에서는 손명자의 연구에서 사용한 척도를 소개한다.

자아효능감 기대척도

이 조사는 대학생인 여러분이 일반적으로 남의 앞에서 자기 생각을 체계적으로 진술하거나, 또는 자기가 맡은 과제물을 발표하게 되는 16가지 상황을 기술하고 있습니다.

각 상황을 읽어보고, 만일 당신이 현실적으로 그러한 상황에 처한다면 어느 정도로 잘 해낼 수 있는 자신감이 있는지, 그 정도를 별지에 있는 평정표에 평정을 해 주십시오. 즉, "어떠한 문제도 없이, 정말로 잘 해낼 수 있다"면 100점으로, "도저히 해낼 수가 없다"면 50점으로 평정을 하면 됩니다.

MEMO

상황 1 : 친한 친구들과 오랜만에 만났다. 이성문제에 대한 문제가 화제에 올랐다. 나는 내 의견을 이야기한다.

상황 2 : 나는 선배를 찾아간다. 그에게 아무한테도 이야기하지 않은 고민을 털어놓는다.

상황 3 : 친구들 3명이 전공공부를 하고 있다. 그들의 의견이 서로 달라서 다툼을 시작한다. 내가 끼어들어 나의 의견을 이야기한다.

상황 4 : 부모님의 심부름으로 친척의 사무실을 찾아 나선다. 약도만으로 찾을 수가 없어서 근처 가게에 가서 길을 묻는다.

상황 5 : 이성에게 전화를 건다. 그 친구가 직접 받는다. 나는 데이트를 신청한다.

상황 6 : 교수님께 전화를 건다. 교수님이 받으신다. 나의 건강상의 이유로 휴학하겠다고 말씀드린다.

상황 7 : 수업시간이다. 교수님이 예습해 왔는지를 알아보기 위해 나에게 질문을 하신다. 나는 일어나서 그 질문에 대답한다.

상황 8 : 교수님이 강의를 하신다. 강의내용에 의문이 생긴다. 나는 손을 들고 질문한다.

상황 9 : 수업시간이다. 교수님이 숙제 내준 것을 발표하라고 하신다. 나는 그 자리에서 일어나 숙제를 발표한다.

상황 10 : 수업시간이다. 교수님이 숙제 내준 것을 앞에 나와 발표하라고 하신다. 나는 단상에서 숙제를 발표한다.

상황 11 : 수업시간이다. 교수님이 일어나서 영어책 한 페이지를 읽어보라고 하신다. 나는 그 자리에서 일어나 영어를 읽기 시작한다.

상황 12 : 수업시간이다. 교수님이 일어나서 영어책 한 페이지를 해석해보라고 하신다. 나는 그 자리에서 일어나 영어를 해석하기 시작한다.

상황 13 : 과 야유회를 나왔다 돌아가며 노래를 부르는 시간이다. 교수님과 학생들의 앞에서 나는 일어나 노래를 부른다.

상황 14 : 과 야유회를 나왔다. 내가 사회를 맡았다. 교수님과 학생들 앞에서 나는 인사말을 하고 프로그램에 대해서 설명한다.

상황 15 : 서클의 모임이다. 10명 정도의 학생들이 돌아가면서 자기소개를 한다. 드디어 내 차례가 왔다.

상황 16 : 대학생활의 의미에 관해 각자 준비해 온 내용을 10분간씩 발

MEMO

표하는 날이다. 강의실에는 약 50명의 학생들이 앉아 있다. 내 의견을 발표하기 위해서 단상에 선다.

위 척도는 대학생들이 공통적으로 경험하는 16개의 발표 장면에 대하여 각각의 자아효능감에 대한 기대의 크기를 측정하고 있다. 측정은 10점 간격의 100점 척도를 사용하며, 총점을 16개의 장면수로 나눈 것이 자아효능감 기대의 크기이다.

3.3 자아효능감과 학습

3.3.1 자아효능감의 변화

학생들에게 있어서 자아효능감은 학습에 대한 자신감일 수도 있으며, 학습 의지를 높이거나 계속 유지할 수 있는 근간이 된다. 자아효능감이 낮은 학생들이 자아효능감을 높이는 방법은 무엇일까? 반두라(1986)는 자아효능감이 다음 네 가지 경로 가운데 어떤 방식으로든지 획득되거나, 증진되거나 혹은 감소될 수 있다고 보았다.

(1) 수행 혹은 행동의 실행
(2) 대리 경험 혹은 행동을 수행하는 데 필요한 유사 기술을 지니고 있는 다른 사람을 관찰하기
(3) 말로 설득하기, 혹은 개인이 신뢰하는 사람이 행동을 고무하는 말을 경청하기
(4) 불안감처럼 대체로 자아효능감을 저하시키는 생리적인 흥분의 유발상태

MEMO

3.3.2 자아효능감과 학습행동

반두라는 자아효능감과 결과 기대의 상호 작용이 행동을 예측하는데 중요한 역할을 한다고 생각하였다. 자아효능감 이론에 따르면 어려운 행동을 시작할 수 있는 능력에 대한 개인의 신념을 알면 그가 이 행동을 실천할 지 예측할 수 있다.

반두라는 자아효능감 수준이 높은 학습자들이 자아효능감 수준이 낮은 학습자에 비해 도전적인 과제를 맡으며, 오랫동안 지속하고 보다 성공적으로 수행한다고 하였다. 특히 자아효능감 수준이 높은 학습자들은 도전에 실패할 때 더 큰 노력을 발휘한다고 한다. 따라서 손연아 등(2006)은 성공적으로 과제를 수행하기 위해서는 반복적 성공의 체험을 통해 자신의 능력에 대한 긍정적 신념을 확대해 나가야 한다고 하였다. 이 이론을 학생들이 스스로 학습 장면에 적용한다고 할 때, 학생들은 스스로 학습하는 행동을 하는데 있어 학습자의 결과 기대에 자아효능감이 중요하게 작용할 것을 예측할 수 있게 된다.

학습자들이 자아효능감을 높게 유지할 때 모든 분야에서 학습 효과가 있는 것은 아니다. 따라서 학습자가 특히 높은 자아효능감을 나타내는 분야, 학습방법, 흥미유형, 적성 등을 알게 되면 더욱 효과가 있을 것이다. 여러 학습 자료나 검사 도구를 활용하여 자아효능감을 높이는 활동을 수행하여야 한다. 이외에도 그동안 학습자 자신의 성공과 실패에 대하여 어떻게 인지하고 있는지에 대한 귀인양식에 대하여 점검할 필요도 있을 것이다.

귀인이란 어떤 사건이나 결과에 대해 개인이 지각한 원인이다. 귀인이론에 의하면 인간의 행동은 인지적 위인의 결과가 동기의 두 요소인 기대와 가치에 영향을 주게 되며, 이 두 요소에 의해 행동의 동

MEMO

기 수준이 결정된다고 한다. 일반적으로 학업성적 수행을 위한 가장 공통적인 귀인은 능력, 노력, 운, 과제난이도, 교수나 부모, 친구 등을 들 수 있다. 이와 같은 귀인에 대하여 그동안 학습자가 어떤 방식으로 인지하였는지를 점검하고 대처 방법을 안다면 자아효능감의 상승 효과를 가져올 수 있을 것이다.

활동하기

1. 자신의 자아효능감에 대하여 다음의 순서로 이야기하여 보자.
   (1) 자신이 가장 잘 할 수 있는 것은 무엇인가?
   (2) 또 그 일은 언제부터 잘하기 시작하였는가?
   (3) 자신이 남보다 잘할 때의 기분은 어떠한가?

2. 자신이 잘 하지 못하는 일을 만났을 때의 이야기를 해보자.
   (1) 무엇이 가장 서투른 부분인가?
   (2) 그에 대한 대처 방법은 무엇인가?
   (3) 다른 친구들은 어떻게 대처하고 있는가? 자신의 대처 방법과는 어떻게 다른가? 다른 사람의 방법이 자신에게 도움이 될 수 있을까?

제2장

진로심리검사

1. 심리검사의 종류와 원리
2. 심리적 개인차 특성
3. 표준화 검사의 종류와 특징

MEMO

본 장은 대학생의 진로지도를 위한 여러 가지 활동 중에서 심리검사의 이해를 돕기 위하여 구성하였다. 교육학적 관점에서 볼 때 대학생이 되기 전까지의 중 고등학교에서는 생활지도의 영역에서 학생들이 진로지도를 받아왔다고 할 수 있다. 그러나 대학생이 되어 전공학과의 교육 과정에 따라 공부하다 보면 생활지도의 영역은 대학이나 학과보다는 학생 본인이 스스로 그 책임을 갖게 되었다.

그러면 대학 이전에 그동안 학생들이 받아왔던 생활지도란 무엇인가? 생활지도는 여러 교육학자들에 의하여 정의되고 있는데, 안영진(2001)은 '학생 개인이 일상생활에 있어서 해결해야 할 여러 가지 문제를 자기 힘으로 해결할 수 있도록 도와주는 과정(helping process)'으로 정의하고 있다. 김진한(2007)은 생활지도를 '개인 스스로가 자신과 자신이 처해 있는 세계를 이해할 수 있고, 더 나아가 직면한 문제를 해결할 수 있는 능력을 함양하도록 조력하는 과정'이라고 하였다. 이형행(1998)은 생활지도의 영역을 ① 교육 지도, ② 직업 지도, ③ 인성 지도, ④ 건강 지도, ⑤ 사회성 지도, ⑥ 여가 지도로 구분하고 있다. 이와 같이 생활지도 영역의 구분은 학자들마다 대동소이하다.

본 장은 생활지도의 영역 중에서 특히 직업 지도, 사회성 지도 그리고 인성 지도 영역에 걸쳐 관련이 있다. 심리검사는 생활지도 상담의 장면에서 기초적 정보를 제공하며, 상담 회기에서 반드시 이루어지는 과정이라고 할 수 있다. 따라서 대학생 스스로가 대학 또는 외부에서 자주 접하게 되는 심리검사에 대하여 올바르게 이해하여 자신의 진로 결정에 유용하게 활용하는 것이 필요하다.

MEMO

1. 심리검사의 종류와 원리

1.1 심리검사의 정의

심리검사란 무엇인가? 탁진국(1996)은 심리검사를 '개인의 심리적 속성을 측정하기 위한 검사'라고 정의하였다. 또한 심리적 속성은 개인의 성격, 적성, 지능, 흥미, 지식 및 태도 등을 포함한다고 하였다. 전경원(2004)은 심리검사를 '표준절차를 사용하여 행동의 표본을 측정하는 방법'이라고 하였다. 여기에서 표준절차라 함은 문항의 곤란도, 검사조건, 피검사자의 상태, 주변의 환경 등의 주변의 여러 변인이 심리측정에 영향을 주기 때문에 절차를 표준화 하는 것을 말한다. 강봉규(2005)는 심리검사란 '인간의 성격, 능력 및 그 밖에 그 사람이 갖고 있는 심리적 특성의 내용과 그 정도를 밝힐 목적으로 일정한 조건하에 이미 마련한 문제나 혹은 작업을 제시한 다음 그 사람의 행동 또는 행동의 결과를 어떤 가정의 표준적 관점에 비추어 질적 혹은 양적으로 기술하는 조작적 절차'라고 하였다.

1.2 심리검사의 역사

심리검사의 역사에서 지능의 개인차에 관한 연구 중 오늘날의 심리진단 검사와 측정의 시조가 누구인가에 대하여 여러 의견이 있다. 일반적으로 갈톤 Galton (1822~1911), 캐텔 Cattell (1860~1944), 비네 Binet (1857~1911) 중의 어느 한 사람을 지정할 수 있다. 갈톤은

1883년에 '인간의 능력과 그 발달에 대한 탐구'란 책을 저술하였는데, 이것이 인간의 개인차에 관한 과학적인 연구와 심리진단 검사의 시초라고 보는 사람이 있다. 미국에서 케텔은 분트 Wundt (1832~1902)의 실험적 통제의 강조와 미국의 전통적인 실용주의 영향을 종합한 미국 풍토에 맞는 심리측정과 검사활동을 하여 기반을 세웠다. 프랑스의 비네는 오늘날의 중요한 측정도구로서 사용되는 지능검사의 시조가 되었다. 비네는 1905년 동료인 시몬 Simon 과 함께 프랑스 정부의 지원을 받아 지능검사를 개발하였는데, 본격적인 심리검사의 개발의 시초로 보고 있다.

성격의 개인차에 관한 연구는 질문지법과 자기보고식 검사의 발달에 힘입은 바 크다. 질문지법은 갈톤이 1880년대에 최초로 질문지법을 사용한 이후에 우드워스 Woodworth 성격검사법, 스트롱 Strong 의 직업흥미 질문표, 쿠더 Kuder 의 흥미기록 등이 주목을 끌었다. 자기보고식 검사는 현재 전 세계적으로 가장 널리 사용하는 미네소타 다면적 성격검사(MMPI)와 CPI, 캐텔의 16성격요인검사 등이 있다.

개인의 성격을 검사하는데 있어서 프로이트 Freud 에 의해 처음 사용된 투사라는 개념을 사용한 투사법이 있다. 투사법에는 로르샤흐 Rorschach 의 잉크반점법과 머레이 Murray 의 TAT(주제통각검사), 벤더 Bender 의 BGT 등이 있다.

1.3 심리검사의 종류

심리검사의 종류는 분류기준에 따라 다를 수 있다. 서창원(2001)은

MEMO

현재 수천 종에 달하는 심리검사를 검사의 측정 내용에 따라 능력검사와 성격검사로 구분하였다. 그리고 능력검사를 목적 면에서 성취검사와 적성검사로 세분하였다. 강봉규(2005)는 대표적으로는 측정영역에 따라 다음과 같이 5가지로 구분하였다. ① 지능검사, ② 학력검사, ③ 적성검사, ④ 성격검사, ⑤ 흥미검사가 있다. 또한 측정영역 외에도 측정방법에 따른 분류와 목적·용도에 의한 분류를 소개하였다. 탁진국(1996)은 개인의 수행양식에 따라 극대 수행검사와 습관적 수행검사로 구분하였다. 극대 수행검사란 일반적으로 능력검사라고 하며, 일정 시간 내에 피검사자가 자신의 능력을 최대한 발휘해서 반응하도록 만들어진 검사이다. 이러한 검사에는 정답이 있어서 피검사자의 점수는 주어진 시간 내에 몇 문제를 맞혔는가를 검사한다. 여기에는 지능, 적성 및 성취 검사 등이 대표적 검사이다. 습관적 수행검사란, 사람들이 평소에 습관적으로 어떠한 행동을 보이는지를 측정하는 검사이다. 습관적 수행검사는 능력검사와는 달리 대개 일정한 시간제한이 없고 각 문항의 정답 또는 오답이 없다. 여기에는 성격검사, 흥미검사 및 각종 태도조사 등이 해당한다.

2. 심리적 개인차 특성

2.1 지능

초기의 지능 연구로서 스페어만 Spearman (1927)은 지능을 단일차원적인 인지 능력으로 가정하였다. 한편, 서스톤 Thurstone (1938)은

MEMO

지능을 7개의 중다요인으로 구성된 일반 능력이라는 다요인 이론을 제시하였다. 서스톤은 요인분석을 통하여 기본정신능력 혹은 일차적 정신 능력이라고 불리는 7개의 요인을 제시하였다. 여기에서 7개의 요인은 공간 능력, 지각 속도, 수리 기술, 언어적 의미, 언어 유창성, 기억 및 귀납적 추론을 말한다. 길포드 Guilford (1967)는 요인분석법을 사용하여 지능을 120개의 구별되는 정신 능력이라고 정의하였다. 이를 지능구조 모델 혹은 지능구조 입체모형설이라고 한다. 지능의 요인분석적 접근의 문제점에 대하여 정보처리적 접근 이론들이 등장하였는데 대표적인 이론으로 스턴버그 Sternberg (1985, 1988)의 삼원이론과 가드너 Gardner (1983)의 중다지능 이론이 있다.

스턴버그는 지적 행동의 세 가지 측면을 강조하는 지능의 삼원이론을 제시하였는데, 삼원이론은 상호작용하는 세 개의 하위이론으로 구성되어 있다. 첫째는, 구성요소적 하위이론으로 개인의 상위인지와 기억 전략의 획득 및 지식의 획득을 포함한다. 둘째는, 경험적 하위이론으로 기술의 자동화와 개인 지능의 최상치는 비교적 신기한 과제를 수행할 때 얻을 수 있다고 하였다. 셋째는, 맥락적 하위이론으로 현실생활에서의 적응력을 강조한다. 가드너의 중다지능 이론에 의하면 하나의 단일적인 일반 지능이 존재하는 것이 아니라 상이한 일곱 개의 독립적인 지능이 존재한다. 일곱 개의 지능은 언어적 지능, 논리-수학적 지능, 음악적 지능, 공간적 지능, 신체-운동적 지능, 대인간 지능, 개인내 지능이 해당된다.

2.2 적성

MEMO

적성이라는 용어는 능력(ability)이란 단어와 서로 교환해서 사용되고 있으며, 일반적으로 교과영역에서나 한 직업분야에 관련된 어떤 일에 숙달되는 개인적 능력을 의미한다. 적성은 개인의 상대적 적합성을 나타내는 조건으로서, 그것의 본질적인 면은 숙달될 수 있는 개인의 잠재적 능력이고, 다른 한 면은 그러한 능력을 발휘하는데 있어 흥미와 관심을 나타낼 수 있는 준비성을 의미하는 개념이라고 할 수 있다.

2.3 창의성

창의성에 대한 정의는 매우 다양하여 아직 명확하지 않은 것으로 보인다. 토렌스 Torrance (1962)는 창의적 사고를 결함, 부족한 요인, 방해 요인 등을 인지하고, 이에 관련된 가설과 아이디어를 만들어, 그 가설을 검증하고 이를 수정 또는 재검증하여 최종적인 결과를 전달하는 과정이라고 하였다. 길포드(1970)는 창의성을 '새로운 사고를 생산해 내는 것이며, 정도의 차이는 있을지라도 모든 사람이 공유하는 것'이라고 하였다. 테일러 Taylor (1988)는 창의성이란 '인류가 열망하는 가장 높은 수준의 수행과 성취들 중의 한 가지로 보아, 한 가지 변인만으로는 설명하기 어려운 다양한 변인들로 구성되어 있는 매우 복잡한 현상'이라고 하였다. 이에 대한 정의에 대한 비판도 많이 제기되고 있다.

MEMO

창의성이 교육현장에서 문제로 제기된 계기는 게첼스 Getzels 와 잭슨 Jakson (1962)의 연구이다. 사립중학교 학생을 대상으로 창의성 검사와 지능검사를 한 결과로부디 지능검사만이 지적 기능의 적절한 표본을 대표하는 것이 아니라는 사실을 시사하였다(강봉규, 2005 ; 재인용). 창의적 능력의 측정을 가능하게 한 것은 길포드로서 1950년경부터 창의성에 관한 구성요인을 밝혔다. 창의성 검사의 대부분은 이 요소에서 발전된 것이다. 창의성 구성의 6요인은 ① 문제에 대한 민감성, ② 유창성, ③ 독창성, ④ 유연성, ⑤ 면밀성, ⑥ 재정의로 구성되어 있다. 창의성이 높은 사람의 성격 특성으로서는 지적 호기심이 강하고, 지속적이며, 직관적이고 자발성이 강한 점을 많은 연구자들이 인정하고 있다.

창의성은 지능과 서로 다른 능력으로 알려져 왔으며 지능검사의 편협성을 보완하기 위한 노력이 있어 왔다. 스타크웨더 Starkweather (1968)의 유아 창의성 검사는 후에 토렌스(1974)의 창의성 측정 검사지 개발에 영향을 주었으며, 그 결과 TTCT검사가 개발되었다. 우리나라에는 전경원(1995)이 개발한 유아용 종합 창의성 검사가 있다.

2.4 성격

성격은 사람의 특성을 나타내는 심리적 속성의 하나이다. 주된 심리적 속성에는 지능, 창의성, 적성, 성격 등이 있다. 성격에 대하여 여러 학자들이 정의를 내리고 있지만 여기서는 고든 올포트 Gordon Allport (1961)의 정의를 사용한나. 즉, 성격이란 '각 개인의 징신 신

MEMO

체적 체계 안에서 그의 특징적 사고와 행동을 결정해 주는 역동적 조직'을 말한다. 성격을 바라보는 관점에 따른 이론들에 대하여 카버와 샤이어 Carver & Scheier (2004)는 성향적, 생물학적, 정신분석적, 신정신분석적, 학습, 현상학적, 인지적 자기조절의 7가지로 요약하고 있다. 그들은 성격의 정의를 변형하여 '한 개인의 독특한 행동과 사고 및 감정의 양상을 창조해 내는, 개인 내부의 심리·사회적 체계의 역동적인 조직'이라고 하였다.

본 교과목의 성격상 성격 이론을 모두 다룰 수는 없기 때문에, 특히 본 장에서는 성격검사에 사용되는 이론에 주로 해당하는 성향적 관점에 대하여 언급하였다. 성향적 관점은 사람들이 다양한 장면에서 비교적 안정된 특성을 지니고 있다는 아이디어에 기초하고 있다. 성향적 관점을 세부적으로 분류하면 성격 유형론과 성격 특성론이 있다. 용어적 정의에서 유형(type)은 일반적으로 뚜렷이 구별되는 비연속적인 범주로 간주되며, 특성(trait)은 연속적인 변수 혹은 차원에 따라 서로 다르다고 가정한다.

2.4.1 성격 유형론

성격을 유형으로 구분한 유형론은 히포크라테스 Hippocrates (460~377.B.C.)의 4가지 체액에 따른 성격특질을 언급한 것이 최초였으며, 갈렌 Galen (129~199)은 특질에 대한 기질을 언급하였다. 4가지 체액은 혈액, 흑담즙, 황담즙, 점액을 말하며, 특질은 각각 다혈질(낙천성), 우울질(침울성), 담즙질(흥분성), 점액질(침착성)에 해당한다. 칸트 Kant (1704~1804)는 히포크라테스-갈렌의 이론을 계승 발전

MEMO

시켰다. 분트 Wundt 는 여기에 정서변화와 속도의 2가지 차원을 더하여 성격을 설명하였다. 고전적 유형과는 달리 현대에 들어서는 유형을 초특성(매우 광범위하고 중요한 특성)을 의미하는 용어로 사용되었다. 이와 같은 성격에 대한 고전적 이론은 뒤에서 설명하는 아이젱크 Eysenck 에 의한 성격 연구 접근의 시발점이 되었다.

융 Jung (1875~1961)은 분트의 모델을 확대하여 더욱 현대적인 차원론적 유형학의 기초를 확립하였다. 융은 리비도의 개념에 큰 비중을 두었고, 단순한 성욕적 경향으로 본 프로이트 Freud 와 달리 리비도라는 것을 미분화된 정신 과정의 에너지 총체로 간주하였다. 이러한 리비도의 작용방향에 따라 성격 특징이 결정된다고 하였다. 융은 외향적·내향적 성격유형과 신경증적 성격유형의 2가지 체계를 수립하였다.

크레츠머 Kretschmer 는 정신병 환자의 체형과 기질 사이의 관련성을 연구하여, 건강자에게도 적용할 수 있는 유형을 밝혔는데 바로 체격형이 그것이다. 체격형은 세장형, 투사형 혹은 근육형, 비만형의 3가지 유형으로 분류되며 체격과 성격을 관련짓고 있다. 셸던 Sheldon 은 4,000명의 남학생의 체격을 분류하여 내배엽형(내장긴장형), 중배엽형(신체긴장형), 외배엽형(대뇌긴장형)으로 구분하였다(서창원, 2001 ; 재인용).

최근에는 각각의 많은 연구자들의 연구 결과가 동일한 결론으로 도달하여 1960년대 이후부터 시작하여 1980년대부터 1990년대에 이르는 동안 급증하였으며 그 추세는 지금까지 계속되고 있다. 그것이 이른바 빅 파이브 Big Five 로 알려진 5요인 모형이다. 5요인에 대해서는 학자마다 다소 이견이 있지만 현재 합의된 5요인은 다음과 같다.

MEMO

① 외향성(Extraversion), ② 우호성(Agreeableness), ③ 성실성(Conscientiousness), ④ 신경증 경향(Neuroticism) 혹은 정서성(Emotionality), ⑤ 경험에 대한 개방성(Openness)이다.

2.4.2 성격 특성론

올포트(1961)는 성격특성의 형태를 주특성, 중심특성, 이차적 특성으로 구분하였다. 특성은 시간의 흐름과 상황을 초월해서 일관된 반응을 하게 하는 경향 혹은 소질을 말한다.

아이젱크(1967)는 기존의 이론을 관찰하여 히포크라테스와 갈렌이 말한 4가지 유형이 두 개의 초특성의 상·하위 수준의 조합으로 구성되었을 것이라는 아이디어를 제시하였다. 두 개의 초특성은 내향성－외향성과 정서적 안정성이다. 외향성 차원은 사교성, 흥분을 갈망함, 쾌활함, 활동성, 지배성의 경향과 관련이 있으며, 정서적 안정성 차원은 사람이 쉽게 그리고 자주 혼란에 빠지거나 고통을 받는 것과 관련된다. 아이젱크(1975)는 <표 2.1>과 같이 성격의 두 가지 주요한 특성으로부터 4가지 특성을 분류하였다.

캐텔(1947, 1965, 1978)은 통계적 요인분석을 사용한 특성이론을 세웠으며, 그의 이론은 현대의 대표적 성격이론의 하나가 되었다. 케텔은 성격을 관찰 가능한 '표면특성'과 그 배후에 있는 기본적인 '원천특성'으로 구분하였다. 그는 최초 4,500개의 특성 용어들을 연구하여 171개의 특성으로 줄였으며, 이를 16개 차원의 집합으로 분류하여 성격의 일차특성으로 보았다. 그는 이러한 16개의 일차 성격 요인들을 따서 16성격요인검사 혹은 16PF검사를 제작하였다.

MEMO

표 2.1 아이젱크의 성격유형과 특징

	정서적으로 안정된		정서적으로 불안정한	
내향적인	수동적인 조심성 있는 사려 깊은 자제력 있는 신뢰로운 마음이 평온한 침착한	점액질 Phlegmatic	조용한 비관적인 비사교적인 냉정한 경직된 불안한 우울한	우울질 Melancholic
외향적인	사교적인 활달한 말이 많은 반응적인 느긋한 생기발랄한 근심 없는 리더십 있는	다혈질 Sanguine	활동적인 낙관적인 충동적인 변덕스러운 흥분하기 쉬운 공격적인 들떠 있는 성미가 급한	담즙질 Choleric

(카버와 샤이어, 2004 ; 재인용)

3. 표준화 검사의 종류와 특징

3.1 심리검사의 표준화

표준화란 도구의 표준화, 절차의 표준화, 채점 및 해석의 표준화를 말한다. 표준화 검사의 선택은 검사도구의 타당도, 검사도구의 신뢰도, 규준점수, 검사실시의 용이성, 채점의 용이성과 같은 기준이 있다.

MEMO

표준화 검사를 위해서 검사제작 계획을 수립하고, 문항을 작성하며, 예비검사의 실시와 통계처리, 표준화 검사의 편집, 표준화 실시 등의 단계를 거치게 된다. 그러나 실제 일선 교육현장에서 이와 같은 검사도구의 표준화 작업을 하는 것은 거의 불가능하며, 현실적이지 못하다. 따라서 표준화가 된 기존의 검사를 이해하고 활용하는 것이 보다 효율적일 것이다. 대표적 표준화검사로는 지능검사, 적성검사, 성격검사가 있다.

3.2 표준화 검사의 종류

3.2.1 지능검사

대표적인 지능검사는 스탠포드-비네 Standford-Binet 검사와 웩슬러 Wechsler 의 지능검사가 있다. 1905년 제작된 비네-시몬 Binet-Simon 검사는 1916년 터먼 Terman 에 의해 개정되어 스탠포드-비네 검사로 명명되었다. 우리나라에는 전용신·성백선(1970)이 이를 개작하여 고대-Binet검사를 만들었다.

비네검사의 문제점을 개선하기 위하여 개발된 웩슬러의 지능검사는 검사대상에 따라 성인용(WAIS)과 아동용(WISC)이 있다. 아동용 지능검사를 예로 검사내용을 살펴보면 다음과 같다. Wechsler의 지능검사는 언어성 검사와 동작성 검사로 구분된다. 웩슬러 지능검사의 IQ평균은 100이며 표준편차는 15이다. 우리나라에는 전용신·서봉연·이창우(1963)에 의해서 성인판이 표준화되었으며, 아동용은 이창우·서봉연(1974)에 의해서 보급되었다.

MEMO

3.2.2 적성검사

적성검사는 특정 학업 과정이나 직업에 대한 앞으로의 수행능력과 적응도를 예측하는 검사를 말한다. 지능검사가 학업이나 직업에 직접 관련 지우지 않고 사람이 지니는 일반적인 지적 능력을 측정하는 검사라면, 적성검사는 개인이 지니는 지능이나 학력・기능을 여러 직업의 특성에 비추어서 측정하여 앞으로 어떤 분야의 학업이나 직무를 잘 수행하고 그 생활에 적응할 수 있을 것인가를 예언하는 검사이다(강봉규, 2005).

적성검사는 특정 학업 과정이나 직업에 대한 앞으로의 수행능력과 적응도를 예측하는 검사를 말한다. 적성검사는 일반적성검사와 특수적성검사로 구분한다. 학업성적검사(SAT)와 일반직업적성검사(GATB)는 일반적성검사에 속하며, 사무적성검사, 기계적성검사, 음악적성검사, 미술적성검사 등은 특수 적성검사에 속한다. GATB는 미국에서 1930년대 중반부터 연구되어 1947년에 초판이 발행되었다. 처음에는 중・고교 졸업예정자를 위하여 개발하였으나 이후 성인용으로 개정되었으며 우리나라와 일본의 적성검사 모델이 되었다.

국내에서 GATB 적성검사는 중앙적성연구소에서 보급하고 있으며 중·고등학생을 대상으로 하고 있다. GATB 적성검사는 개인의 잠재적 직업능력을 측정하는데 11개의 하위영역으로 이루어져 있으며 총 234개 문항으로 구성되어 있다.

우리나라의 고용노동부가 제작 발행한 일반직업 적성검사는 일반학교 및 기업체 등에서 가장 많이 사용되는 검사의 하나이다. 검사의 내용은 직무수행에 필요하다고 판단되는 9종의 적성요인을 측정하기

MEMO

위한 15가지 검사로 되어 있다. 이 15가지 검사 중 11가지는 지필검사이며, 나머지 4가지는 측정도구에 의한 기구검사이다. 측정요인은 학습능력, 언어능력, 수리능력, 사무지각, 공간 판단력, 형태지각, 운동조절, 손가락재능, 손재능의 9가지가 있다. 검사는 개별적 또는 집단적으로 시행한다. 보통 해석을 위하여 전산처리를 하게 되며 이에 앞서 수작업으로 처리를 하여야 한다. 이 결과 피검자는 15개 유형의 직업 적성으로 분류・진단・통보된다. 직업적성 유형은

① 인문사회과학 분야의 전문적 직업
② 언어능력이 특히 필요한 사무적 직업
③ 자연과학 분야의 전문적 직업
④ 수리능력이 필요한 일반 사무적 직업
⑤ 기계적 사무직업
⑥ 기계장치의 운전 및 경비의 직업
⑦ 일반적인 판단 및 주의력이 필요한 식업
⑧ 미술적 작업의 직업
⑨ 설계・도안 및 전기관련 직업
⑩ 제판, 제도관련 직업
⑪ 조립 및 손가락 재능의 직업
⑫ 조립 및 손재능의 직업
⑬ 손재능의 직업
⑭ 신체적 작업의 직업
⑮ 감시직 및 신체적 작업의 직업

으로 구분된다.

MEMO

3.2.3 성격검사

(1) 다면적 인성검사(MMPI)

세계적으로 가장 많이 쓰이는 객관적 성격검사는 미네소타 다면적 성격검사이다. 1940년 미국의 하타웨이 Hathaway 와 맥킨레이 McKinley 가 비정상적인 행동을 객관적으로 측정하기 위한 도구로 처음 개발하였다. 이런 이유로 MMPI의 일차기능은 정신과적 진단과 분류를 위한 것이며, 일반적인 성격특성을 측정하는 것은 아니다. MMPI는 질문지형 성격검사이면서도 상당히 투사적인 함축성을 띠고 있다. 내용상으로는 550개의 문항이나, 16개의 중복 문항이 있어 총 문항수는 566문항인 항목표이다. 허위척도, 타당도 척도, 교정 척도의 4가지와 건강 염려증, 우울증, 히스테리, 반사회성, 남성특성-여성특성, 편집증, 강박증, 정신분열증, 경조증, 내향성의 10가지 임상 척도로 구성되어 있다.

1989년 미국에서는 MMPI의 제한점을 개선하고 새로운 규준을 확보하여 새로운 문항을 추가한 MMPI-2를 출판하였다. 국내에서는 2005년부터 MMPI의 개정판인 MMPI-2를 (주)마음사랑에서 보급하고 있다.

(2) MBTI 성격유형검사

MBTI는 융의 심리유형론에 따라 제작된 심리검사이다. 인식과 판단에 대한 융의 심리적 기능이론과 인식과 판단의 방향을 결정짓는 태도 이론이 그 바탕이 된다. 캐더린 쿡 브릭스 Katharine Cook Briggs 와 이사벨 브릭스 마이어 Isabel Briggs Myers 에 의해 개발되어 국내에는 1990년부터 심혜숙·김정택에 의해 보급되었다. MBTI는 사람들이 4가지 지표 중에서 선호경향을 자기보고식으로 검사하여 16가지의 성격유형의 하나로 분류한다. 4가지 선호지표는 에너지 방향, 인식기능, 판단 기능, 생활양식이다. 각 개인의 성격유형에 따라 직무와 직업을 연결시켜 해석하기도 한다.

MEMO

(3) 5요인 성격검사

노만 Norman (1963)이 주장한 성격의 5요인론은 그 후 골드버그 Goldberg (1981)와 코스타 Coasta 와 맥크레 McCrae (1994) 등에 의해 유사한 결과가 반복되었다. 성격의 5요인을 기본으로 하여 코스타와 맥크레는 이를 심리검사로 개발하였으며, 많은 임상 장면에서 이를 활용하고 있다. 우리나라에서는 고용노동부의 워크넷 직업정보시스템에서 직업심리검사의 하나인 직업선호도검사 L형에서 5요인 성격검사를 적용하고 있다. 한편 출판물로서는 안현의·김동일·안창규(2006)의 'NEO 청소년성격검사'가 알려져 있다.

(4) 16 성격 요인 검사

앞에서 언급한 캐텔에 의해 개발된 16 성격 요인 검사는 정상인의 성격을 측정하기 위한 것이다. 사람에게 적용 가능한 형용사를 토대로 하는 사람의 성격을 이루는 16개의 기본 특성으로 이루어져 있다. 우리나라에서는 염태호·김정규에 의해 표준화를 거쳐 소개되고 있다.

MEMO

3.2.4. 진로관련 심리검사

(1) 가치관 검사

개인이 특정상황에서 선택이나 결정을 내려야 할 때, 어떤 특정한 방향으로 행동하게 하는 원리나 믿음 또는 신념을 가치관이라고 한다. 가치관을 측정하는 검사로서 ① 한국직업능력개발원에서 개발한 커리어넷의 직업가치관 검사, ② KTC의 가치관검사가 대표적이다. KTC의 가치관검사는 개인 가치관 검사와 대인 가치관 검사로 구분할 수 있으며 각각 6개씩의 하위요인으로 구성되어 있다.

(2) 고용노동부의 직업흥미검사

이 검사의 이론적 배경은 홀랜드 Holland 의 직업흥미유형 모델에 근거한 것이다. 일명 6각형 모델로 널리 알려져 있으며, 흥미유형은 현실형, 탐구형, 예술형, 사회형, 진취형, 관습형의 6유형이다. 흥미검사는 활동검사, 유능성검사, 선호직업검사, 선호분야검사, 일반성향검사의 5개의 하위검사로 구성되어 있다.

(3) 진로성숙도 검사

진로성숙도 검사는 한국교육개발원이 개발한 것으로 중학교 2학년과 3학년, 고등학교 1, 2, 3학년 학생들에게 활용할 수 있다. 검사의 구성은 태도검사와 능력검사로 구분하여 각각의 하위영역으로 태도검사에는 계획성, 독립성, 결정성이 있으며, 능력검사는 직업세계 이해능력, 직업선택능력, 의사결정능력이 있다.

MEMO

활동하기

1. 그동안 학생이 직접 검사를 받은 심리검사는 무엇인지 이야기 해보자. 앞으로 자신의 진로와 관련하여 어떤 심리검사를 받고 싶은가?

2. 여러분은 심리검사가 신뢰할 만하다고 생각하는가?

3. 그동안 심리검사에 대한 자신의 고정관념은 무엇이었는가?

제3장

MBTI와 나의 성격유형

1. MBTI 성격유형검사
2. 선호지표의 특성 비교
3. 16가지 성격유형과 기능 위계

MEMO

여기에서는 MBTI 성격유형검사와 성격유형에 대한 내용을 다룬다. MBTI 성격유형검사는 제2장에서 설명한 성격의 유형 이론에 입각하여 표준화된 심리검사로서 현재 국내에서 널리 사용되고 있는 성격유형검사의 하나이다.

1. MBTI 성격유형검사

1.1 검사의 개요

MBTI는 스위스의 성격심리학자인 융의 심리유형론에 기초하고 있다. 그의 이론을 근거로 하여 캐더린 브릭스와 이사벨 마이어스 두 모녀가 현재 사용하고 있는 MBTI의 4가지 지표를 만들었다. 선호지표의 첫째는 에너지 방향에 따라 외향형(Extraversion)과 내향형(Introversion)으로 구분되며, 두 번째는 인식기능에 따라 감각형(Sensing)과 직관형(iNtuition)으로 구분된다. 세 번째는 판단 기능에 따라 사고형(Thinking)과 감정형(Feeling)으로 구분되며, 네 번째는 생활양식에 따라 판단형(Judging)과 인식형(Perceiving)으로 구분된다. 따라서 MBTI 검사 결과는 이와 같은 구분에 의하여 사람들의 성격유형을 16가지로 분류하고 있다.

국내에서 사용되는 MBTI 성격유형검사는 저작권이 보호되고 있으므로 그 내용의 전재 혹은 복사는 할 수 없다. 여기에서는 한국출판권보유자인 (주)어세스타의 성격유형검사 GS형의 검사지와 프로파일의 내용을 소개한다.

MEMO

1.2 검사시 주의사항

1.2.1 검사의 목적

MBTI는 성격을 진단하거나 개인의 능력을 평가하는 심리검사가 아니며 선천적인 심리적 선호경향을 알아보는 비진단 검사이다. 앞에서 배운 MMPI와 같은 정신적 문제를 알아내기 위한 성격검사와는 접근방법이 다르다. 검사 결과 알게 된 사람들의 성격유형에는 선악의 차이와 같은 구별이 있을 수 없다. 사람들의 능력을 측정하는 검사가 아니므로 검사지의 문제에는 정답이 없다. 사람들은 각 문항을 읽은 다음 자신에게 가깝다고 생각되는 것을 고르면 된다. 시간의 제한 또한 없으므로 너무 급하게 검사를 실시하지 않아도 좋다. 단 어느 문항을 너무 오래 생각하는 것은 좋지 않다. 검사지에는 각 문항을 읽은 다음 자신에게 습관처럼 편안하고 자연스럽고 자주 쓰는 경향을 고르도록 요구하고 있다. 또한 자신이 이상적으로 바라는 것에 답하지 말고 자신이 습관처럼 편안하고 자연스럽게 자주 느끼고 행동하는 경향에 표시하도록 하고 있다.

MBTI 검사의 목적은 개인마다 타고난 심리적 선호경향과 그 경향이 지니는 성격의 역동을 알아내어 자기와 타인을 이해하고 가정과 사회와 학교와 직장 및 실생활에 도움을 주는 것이다. 사람들은 각자 자기 몸에 맞는 선호 경향이 있을 수 있다. 예를 들면, 팔짱을 끼는 방향이나 손깍지를 끼는 위치가 각자 다르다. 심지어 턱을 괴는 손이나 의자에 앉아서 발을 꼬는 발의 선호가 있기 마련이다. 이와 같이 MBTI 심리유형검사는 개인의 심리적으로 선호하는 경향을 알아보는

MEMO

것이다. 사람들마다 좋아하는 동물이나 꽃, 과일의 경향이 있다. 그리고 어떤 특정 상황에서 사람들이 내리는 판단의 경향이 다르다. MBTI 심리유형검사는 그와 같은 심리적 선호 경향을 16가지 유형의 하나로 분류하여 준다. 그 동안의 축적된 연구 결과로부터 우리는 각 유형의 특징을 쉽게 이해할 수 있다. 검사 결과, 자기 자신의 유형은 물론 가족과 조직의 구성원에 대한 유형을 알게 됨으로써 그 가족이나 조직의 구성원의 행동을 이해 할 수 있는 기회를 제공하여 준다.

1.2.2 검사의 구성

검사는 별도의 검사지와 답안지로 구성되어 있다. 보통 검사지는 재활용하게 되므로 낙서를 하지 않도록 한다. 답안지는 특수용지로 제작되어 있으므로 표시할 곳에만 정확하게 기표한다. 필기구는 연필 또는 볼펜을 사용하며, 문제지와 답지의 번호가 틀리지 않도록 주의한다. 모든 문항에 응답한 다음에는 검사진행자의 지시에 따르도록 한다. 이 후의 절차는 답안지의 자르는 선을 자르고 채점을 하며 검사진행자의 해석을 하는 것이다. 한국심리검사연구소는 검사해석의 전문성과 검사 사용의 윤리성을 유지하기 위하여 사용자를 위한 전문교육을 제공되고 있다. 또한 MBTI 검사와 해석에 대하여 전문교육을 받은 사람들에 의해 이루어지도록 책임성을 강화하고 있다.

MEMO

1.3 MBTI 프로파일

1.3.1 채점

MBTI 답안지의 채점에 따라 선호유형과 선호 환산점수를 프로파일에 기입한다. 이에 따라 각 개인의 MBTI 성격유형이 결정된다. 자가 채점의 방법은 다음과 같다. 답안지에 기입한 X표시된 부분의 점수를 찾아 점수의 세로 합계를 구한다. 이때 T와 F의 점수는 성별에 따라 다르므로 주의한다. 점수합계란에 자신의 점수를 기입하고 원점수가 높은 점수의 선호유형을 적는다. 만약 동점이 나올 경우의 선호유형은 각각 E, N, F, P로 기입한다. 환산점수의 계산은 (큰 수－작은 수) × 2를 한 후에 ± 1하면 된다. 큰 수가 ENFP일 때는 ＋1을 하고 ISTJ일 때는 －1을 한다. 환산점수가 동점일 때는 1점으로 적는다.

프로파일에는 성격유형에 대한 간단한 해설이 소개되고 있으며, 각자 자신의 성격유형을 이해하기 위해서는 전문가의 해석 또는 관련 서적을 보는 것이 필요하다.

1.3.2 4가지 선호지표

다음은 MBTI 프로파일에서는 4가지 선호지표의 대표적 표현들을 다음과 같이 나타내고 있다.

(1) 외향형 : 폭넓은 대인관계를 유지하며 사교적이며 정열적이고 활동적이다.

MEMO

(2) 내향형 : 깊이 있는 대인관계를 유지하며 조용하고 신중하며 이해한 다음에 경험한다.

(3) 감각형 : 오감에 의존하며 실제의 경험을 중시하며 지금, 현재에 초점을 맞추고 정확하고 철저하게 일처리 한다.

(4) 직관형 : 육감 내지 영감에 의존하며 미래지향적이고 가능성과 의미를 추구하며 신속, 비약적으로 일처리 한다.

(5) 사고형 : 진실과 사실에 주로 관심을 갖고 논리적이고 분석적이며 객관적으로 사실을 판단한다.

(6) 감정형 : 사람과 관계에 주로 관심을 갖고 상황적이며 정상을 참작한 설명을 한다.

(7) 판단형 : 분명한 목적과 방향이 있으며 기한을 엄수하고 철저히 사전계획하고 체계적이다.

(8) 인식형 : 목적과 방향은 변화가능하고 상황에 따라 일정이 달라지며 자율적이고 융통성이 있다.

2. 선호지표의 특성 비교

로이 오스왈드 Roy Oswald 와 오토 크리거 Otto Kroeger (1988)는 MBTI의 4가지 선호지표의 특성을 다음의 표와 같이 분류하여 설명하였다.

MEMO

표 3.1 외향형과 내향형

외 향 형	내 향 형
외부 세계의 사건에 관심이 많다.	자기 내면에 관심이 많다.
많은 사람들과 교제하면서 에너지를 얻는다.	많은 사람을 만나는 것이 피곤하다.
조용히 앉아서 책을 읽거나 공부하는 것이 피곤하다. 휴식을 취하려고 사람들과 이야기한다.	독서와 사색과 공부를 통해서 에너지를 얻는다.
말하다가 아이디어를 얻는다.	아이디어가 떠오르면 말할 수도 있고 하지 않을 수도 있다.
말한 것을 후회한다.	말을 하지 않은 것을 후회한다.
개방적이고 공정하고 부담감이 없다.	집중적이고 정열적이며 마음을 자제한다.
행동과 실제적인 성취	아이디어, 추상적인 창작
경험한 다음에 이해한다.	이해한 다음에 경험한다.
다양한 사람과 사귄다.	몇몇 사람과 친하게 지낸다.
넓이	깊이
말이 많고 행동적이다.	조용하고 진지하다.
자극 받기 위해 주위를 살핀다.	자극 받기 위해 내면을 본다.
자신 있게 시행착오를 겪는다.	행동하기 전에 깊이 생각한다.

2.1 외향형과 내향형

외향형은 사람과 사물이 존재하는 외부 세계에 초점을 두고 인식하며 판단한다. 반면에 내향형은 사고와 사색이 일어나는 내부 세계에 초점을 두고 인식하며 판단한다. 외향형은 사람들을 만나면서 에너지를 얻지만 내향형은 사람들을 만나면 피곤하고 지치게 된다. 외향형의 사람은 혼자 있는 것이 서툴지만 내향형의 사람은 오히려 혼자 있을 때 에너지를 충전하게 된다.

외향형은 말이 앞서게 되므로 내향형이 생각할 때에 그들을 가볍다고 여긴다. 반면에 내향형은 쉽게 이야기하지 못하고 주저하는 경향이 있으며 가까이 다가오지 않으므로 외향형이 생각할 때에 그들에게 불만을 갖거나 화가 날 수도 있다. 일상생활에서 외향형은 파티와 같은 즐거운 모임에 참석하거나 친구들과 수다를 떠는 것에 익숙하지만, 내향형은 자신이 좋아하는 내면세계와는 다르기 때문에 외향형과 같이 그렇지 못하다. 내향형은 자신에게 던져지는 외향형의 가벼운 인사치레와 반갑다는 표현조차도 내향형의 마음을 불편하게 만든다. 이외에도 외향형과 내향형은 서로 많이 다르다는 것을 알 수 있다. 외향형은 미국인의 경우 남자가 약 70%이며, 우리나라는 약 50%로 알려져 있다.

2.2 감각형과 직관형

감각형 또는 직관형은 사람마다 정보를 수집하는 방식의 차이가 있다는 것을 말한다. 각기 다른 방식으로 수집된 정보는 결정하기 위하여 쓰일 것이다. 감각형은 정보를 수집할 때 오감을 동원한다. 즉 시각, 청각, 후각, 촉각, 미각과 같은 모든 정보원은 직접 느끼는 것에 의한 정보를 수집하게 된다. 따라서 감각형의 정보는 사실적이고, 현

MEMO

실적이며, 정확한 주변 정보를 갖게 된다. 반면 직관형은 오감이 아닌 육감으로 정보를 수집한다. 따라서 직관형은 눈에 보이는 정보가 아닌 보이지 않는 의미를 더 중요시한다.

직관형은 사색적이며, 육감적이고 영감에 의존한다. 반면에 감각형은 상세하고 실질적인 문제해결을 원한다. 현장에서 직관형은 새로운 아이디어를 내거나 창의적인 일에 능하지만, 감각형은 가지고 있는 정보에 의한 보고서 작성에 익숙하다. 감각형은 현실에 있는 정보를 중요시하기 때문에 직관형이 말하는 추상적인 이야기나 상상력은 감각형의 흥미를 끌지 못한다. 감각형은 직관형이 갖는 기발한 생각을 따라가지 못하면서도 그들의 생각을 검증할 현실적인 정보를 가지고 있지 못한 관계로 확신하지 못하고 의구심으로 바라보게 된다. 반면에 직관형은 감각형들이 큰 숲을 보지 못하고 작은 나무에 연연하여 직관형의 생각을 알아주지 못함을 아쉬워한다.

감각형들은 여러 방법을 동원해서 답을 구하지만, 직관형은 한 번 척 보면 답을 낸다. 직관형은 감각형처럼 그 이유를 잘 설명은 하지 못해도 답을 안다고 말한다. 즉, 굳이 설명을 해야만 아느냐는 식이다. 직관형은 감각형이 너무 세상을 현실적으로만 보며, 어떤 현상이 의미하는 미래에 대하여 잘 이해하지 못한다고 본다.

감각형과 직관형의 차이는 특히 기업체와 같은 체계적인 조직체에서 많이 나타난다. 서로 다른 정보 수집의 방식이 어떤 조직 내에서는 장점과 단점으로 비쳐질 수 있게 된다. 이런 차이를 MBTI를 통해 서로 이해할 수 있다면 상호간에 단점으로 여겼던 점들이 장점으로 보일 수 있게 된다. 감각형은 미국인의 경우 남자가 약 70%이며, 우리나라의 경우도 비슷하다.

MEMO

표 3.2 감각형과 직관형

감 각 형	직 관 형
오감을 통해 인식한다.	기억과 연상을 통해 인식한다.
실질적이고 사실적이고 상세하다.	유형과 의미를 추구한다.
현재가 중요하다.	미래가 중요하다.
세부적인 것을 추구한다.	큰 그림을 추구한다.
지금 이 땅에 산다.	뜬 구름을 잡는다.
즐거움과 기쁨을 찾는다.	영감을 추구한다.
있는 그대로 자족한다.	끊임없이 변화를 추구한다.
상식적이다.	상상한다.
경험	육감
구체적이다.	추상적이다.
세심하고 체계적이다.	충동적이고 자발적이다.
상세하고 정확하게 관찰한다.	관심 가는 것만 관찰한다.
눈으로 세상을 본다.	마음으로 세상을 본다.

2.3 사고형과 감정형

사고형과 감정형은 어떻게 결정하는가에 대한 선호지표에 따라 구분된다. 앞에서 정보를 수집한 방식의 차이에 따라 감각형과 직관형으로 구분되었지만, 여기서는 얻어진 정보를 가지고 어떻게 결정하는가의 차이로 사고형과 감정형을 구분한다. 어떻게 결정한다는 것은 일을 끝낸다는 것을 말한다. 우리는 일상생활에서 끊임없이 일을 결정한다. 이때 사람에 따라 차이가 나타난다.

MEMO

표 3.3 사고형과 감정형

사 고 형	감 정 형
논리적으로 분석한다.	우선순위에 중점을 둔다.
객관적이고 일반적인 기준을 의지한다.	사람들의 가치와 동기에 비중을 둔다.
원인 결과를 중시한다.	감상적이다.
완고하다.	우호적이다.
의심한다.	신뢰한다.
논리적인 순서를 중요시한다.	인화를 중요시한다.
분석적이다.	설득적이다.
사실적이다.	기교적이다.
공적이다.	사적이다.
현실, 관념, 개념을 중요시한다.	인간관계를 중요시한다.

사고형은 자신이 얻은 정보를 객관적이고 논리적이고 일반적인 기준으로 결정한다. 이때 자신의 주관이나 감정은 개입하지 않으려고 애쓴다. 사고형은 원인과 결과를 중요시하기 때문에 공적인 일처리에 능하다. 반면에 감정형은 객관적인 것보다는 주관적인 결정을 내린다. 객관적인 논리보다는 인간관계를 중요시하므로 자신이 결정이 나중에 자신과 타인에게 미치는 결과에 신경을 쓴다.

두 유형은 서로 갈등관계에 놓일 때 그 차이가 나타난다. 감정형은 사고형이 너무 차갑고 냉정하며 인간성이 없는 부류라고 생각하기 쉽다. 반면에 사고형은 감정형이 너무 감정적으로 일을 처리하며 공과사를 구분하지 못하며, 끊고 맺는 것이 잘 안 되는 희미한 부류로 생

MEMO

각한다.

인간관계에서 감정형은 상대방을 배려하고 정상을 참작해 주는 따뜻함을 보여주지만, 사고형은 사실에 주된 관심을 갖고 규범을 중시하기 때문에 객관적인 판단을 한다. 사고형은 미국인의 경우 남자가 약 60%를 차지하지만 우리나라는 약 67%로 다소 높다. 앞에서 언급한 외향형-내향형, 감각형-직관형의 비율보다 사고형의 경우 남자의 비율이 다소 높은 것은 남녀의 관계에서 상대방을 이해하기 위하여 고려해 볼만한 수치이다.

2.4 판단형과 인식형

판단형과 인식형은 사람들이 어떤 생활양식을 채택하는가의 차이에 따라 구분된다. 판단형은 인생의 목적을 세우고 계획하기를 좋아한다. 대체로 판단형의 경우 계획은 확고하며 일이나 생활을 세운 계획대로 살아간다. 따라서 한 번 결정한 계획이나 모임에서 일정을 변경하는 것을 매우 싫어한다. 왜냐하면 판단형은 모든 약속은 지켜져야 하는 것으로 생각하기 때문에 계획 변경은 그들을 당황스럽게 만든다. 계획이 변경되면 그동안 그 계획에 맞추어 준비하고 진행한 것이 모두 바뀌게 되기 때문에 곤란하다. 할 수 없이 계획이 바뀌더라도 두 번 세 번 바뀌는 것을 원하지 않는다. 판단형은 주변 정리도 깨끗하게 잘하는 편이며 생활에서 절제된 모습을 보여준다.

반면 인식형은 세상을 자연스럽고 유연한 자세로 살아간다. 상황의 변화에 대처를 잘하며 모든 상황을 수용하려고 한다. 따라시 계획적

MEMO

이기보다는 순간순간 대처하는 생활에 익숙하다. 앞에서 말한 사례로 일상생활이나 모임에서의 계획 변경은 그럴 수 있는 일이라고 생각하기 때문에 판단형이 겪는 정도로 당황하지 않는다. 계획이란 상황에 따라 바뀔 수 있는 것이므로 너무 처음 세운 계획에 연연하거나 하지 않는다. 오히려 계획 변경이 더 많은 기회와 경험을 제공하기 때문에 긍정적으로 생각한다. 계획 변경에 대해 판단형이 안 된다는 자세를 강하게 취하는 것에 비하여 인식형은 매우 유연하게 받아들인다. 인식형은 생활양식의 차이로 인해 판단형에 비하여 주변정리가 잘 안되며 산만하게 늘어놓는 경향이 있다.

만약 변화가 심한 어떤 업무를 생각할 때, 판단형은 한 번 결정된

표 3.4 판단형과 인식형

판 단 형	인 식 형
자기절제, 목적의식, 엄격	유연하다, 적응력, 관용적
단호하다	호기심, 잠정적
불필요한 경험은 안한다.	다양한 경험을 추구한다.
옳은 것을 추구한다.	모든 것을 포용하려 한다.
미리 계획한다.	일단 하고 나서 적응한다.
계획과 표준에 맞춘다.	상황의 변화에 대처한다.
기본 사양	선택
빨리 결정한다.	생각할 시간을 갖는다.
정보를 다 얻지 못하더라도 상황을 종결한다.	더 많은 정보를 얻으려고 결정을 유보한다.
조직적이고 계획적이다.	변화에 대처한다.

MEMO

일에 대하여 밀고 나가자는 추진의 의견을 내놓지만 인식형은 새로운 정보가 입수되면 결정 사항은 재검토하려고 한다. 판단형이 빠르게 판단하는 반면 인식형은 계속 주저하는 것처럼 보인다. 판단형은 미국인과 우리나라의 경우 남자가 약 50% 정도를 차지한다.

3. 16가지 성격유형과 기능 위계

3.1 16가지 성격유형

16가지 성격유형은 4가지 심리기능에 의해 구분되며, 4개의 알파벳으로 구성된다. 각각의 알파벳은 4가지 심리기능을 의미하며, 성격유형의 설명은 MBTI 프로파일에 자세히 설명되어 있다. 다음은 MBTI 프로파일에서 16개 성격유형의 대표적인 설명문을 인용한 것이다. 더 자세한 자신의 성격 유형에 대해 알기를 원하는 사람에게는 한국심리검사연구소의 '16가지 성격유형의 특성', '심리유형의 역동과 발달'을 읽을 것을 권한다.

3.1.1 16가지 성격유형

(1) ISTJ : 신중하고 조용하며 집중력이 강하고 매사에 철저하며 사리분별력이 뛰어나다.

(2) ISFJ : 조용하고 차분하며 친근하고 책임감이 있으며 헌신적이다.

(3) ISTP : 조용하고 과묵하고 절제된 호기심으로 인생을 관찰하며

MEMO

상황을 파악하는 민감성과 도구를 다루는 뛰어난 능력이 있다.

(4) ISFP : 말없이 다정하고 온화하며 친절하고 연기력이 뛰어나며 겸손하다.

(5) ESTP : 현실적인 문제해결에 능하며 적응력이 강하고 관용적이다.

(6) ESFP : 사교적이고 활동적이며 수용적이고 친절하며 낙천적이다.

(7) ESTJ : 구체적이고 현실적이고 사실적이며 활동을 조직화하고 주도해 나가는 지도력이 있다.

(8) ESFJ : 마음이 따뜻하고 이야기하기 좋아하고 양심 바르고 인화를 잘 이룬다.

(9) INFJ : 인내심이 많고 통찰력과 직관력이 뛰어나며 양심이 바르고 화합을 추구한다.

(10) INTJ : 사고가 독창적이며 창의력과 비판분석이 뛰어나며 내적 신념이 강하다.

(11) INFP : 정열적이고 충실하며 목가적이고, 낭만적이며 내적 신념이 강하다.

(12) INTP : 조용하고 과묵하며 논리와 분석으로 문제를 해결하기를 좋아한다.

(13) ENFP : 따뜻하고 정열적이고 활기에 넘치며 재능이 많고 상상력이 풍부하다.

(14) ENTP : 민첩하고 독창적이며 안목이 넓으며 다방면에 관심과 재능이 많다.

(15) ENFJ : 따뜻하고 적극적이며 책임감이 강하고 사교성이 풍부하고 동정심이 많다.

MEMO

(16) ENTJ : 열성이 많고 솔직하고 단호하고 지도력과 통솔력이 많다.

3.1.2 16가지 성격유형의 특징

16가지 성격유형의 특징을 다음 <표 3.5>에 제시하였다. 표에는 성격유형의 특징과 뒤에 설명하는 유형역동을 같이 제시하였다.

3.2 유형역동

표의 괄호 속 알파벳은 유형역동을 설명하는 것이다. 유형역동을 설명하는 기능은 주기능, 부기능, 3차기능, 열등기능의 4가지 기능으로 구성되어 있다.

3.2.1 4가지 위계기능

마틴 Martin (1999, 심혜숙 공역)은 16가지 성격유형의 유형역동에 대하여 기능 위계로 설명하고 있다. 그에 따르면 주기능이란 가장 선호하는 기능을 말한다. 사람들은 자신의 주기능을 사용할 때 가장 유능감과 자신감이 생기며, 일하는 것이 자연스럽게 느낀다. 주기능은 의식적으로 가장 선호하여 활발하게 사용하는 기능으로 개인 성격의 핵심을 이룬다. 부기능은 두 번째로 잘 발달된 심리기능이며 주기능을 보조하는 역할을 한다. 부기능을 사용할 때에도 사람들은 자연스

MEMO

러움과 용이함을 느낀다. 3차기능은 부기능의 반대기능으로 의식과 무의식의 사다리 역할을 한다. 열등기능은 자신이 가장 덜 선호하는 기능을 말하며 주기능의 반대기능이다. 열등기능이라고 하는 것은 네 가지 심리 기능 중에서 가장 발달이 뒤늦기 때문이다.

표 3.5 16가지 성격 유형

세상의 소금형	임금 뒤편의 권력형
ISTJ	ISFJ
(Si Te F Ne)	(Si Fe T Ne)
한 번 시작한 일을 끝까지 해내는 사람들	성실하고 온화하며 협조를 잘하는 사람들
백과사전형	**성인군자형**
ISTP	ISFP
(Ti Se N Fe)	(Fi Se N Te)
논리적이고 뛰어난 상황적응력을 가지고 있는 사람들	따뜻한 감성을 가지고 있는 사람들
수완좋은 활동가형	**사교적인 유형**
ESTP	ESFP
(Se Ti F Ni)	(Se Fi T Ni)
친구, 운동, 음식 등 다양한 활동을 선호하는 사람들	분위기를 고조시키는 우호적인 사람들
사업가형	**친선도모형**
ESTJ	ESFJ
(Te Si N Fi)	(Fe Si N Ti)
사무직, 실용직, 현실적으로 일을 많이 하는 사람들	친절과 현실감을 바탕으로 타인에게 봉사하는 사람들

MEMO

(표 3.5 계속)

예언자형	과학자형
INFJ	INTJ
(Ni Fe T Se)	(Ni Te F Se)
사람과 관련된 뛰어난 통찰력을 가지고 있는 사람들	전체적인 부분을 조합하여 비전을 제시하는 사람들
잔다르크형	**아이디어 뱅크형**
INFP	INTP
(Fi Ne S Te)	(Ti Ne S Fe)
이상적인 세상을 만들어 가는 사람들	비판적인 관점을 가지고 있는 뛰어난 전략가들
스파크형	**발명가형**
ENFP	ENTP
(Ne Fi T Si)	(Ne Ti F Si)
열정적으로 새로운 관계를 만드는 사람들	풍부한 상상력을 가지고 새로운 것에 도전하는 사람들
언변능숙형	**지도자형**
ENFJ	ENTJ
(Fe Ni S Ti)	(Te Ni S Fi)
타인의 성장을 도모하고 협동하는 사람들	비전을 가지고 사람들을 활력적으로 이끌어가는 사람들

3.2.2. 위계기능 찾는 방법

각 유형에서 유형역동의 위계기능을 찾는 방법은 다음과 같다. 먼저 인식기능과 판단기능을 살핀다. 두 기능은 외부에 대처하는 생활

MEMO

양식이므로 에너지 방향은 일차적으로 모두 외부가 된다. 판단형은 판단기능을 외부로 사용하고, 인식형은 인식기능을 외부로 사용한다. 외향형은 주기능을 외부로 사용하므로 에너지 방향을 외부로 사용하는 것이 주기능이 되고, 내향형은 주기능을 내부로 사용하므로 에너지 방향을 내부로 사용하는 것이 주기능이 된다. 이 방법으로 주기능을 정하고 남은 한 가지 기능이 부기능이 된다. 3차 기능은 부기능의 반대지표가 되며, 열등기능은 주기능의 반대지표가 된다.

예를 들어, ENFJ의 경우 주기능은 외향적 감정(Fe), 부기능은 내향적 직관(Ni), 3차기능은 외향적 혹은 내향적 감각(S), 열등기능은 내향적 사고(Ti)이다. 정하는 방법은 이와 같다. ENFJ의 심리적 기능은 판단형이므로 판단기능인 F를 외향적으로 사용한다. 상보성의 원리에 의하여 부기능인 N의 에너지 방향은 내향적으로 된다. 3차기능은 부기능의 반대지표인 감각이 되며, 열등기능은 주기능의 반대지표인 내향적 사고(Ti)가 된다. ENFJ 유형은 주기능이 외향적 감정(Fe)이므로 사람들과 조직이 성장하도록 활력을 주는 구조를 만들고 격려한다. 부기능인 내향적 직관(Ni)은 사람들과 조직이 잠재력을 인식하도록 혁신적인 방법을 개발한다. 3차기능인 감각(S)은 직면해 있는 실질적인 선택 대안들을 고려한다. 열등기능인 내향적 사고(Ti)는 상호작용을 평가하기 위해 공평하고 정확한 논리를 사용한다.

한편 ISTJ의 기능위계는 ENFJ와 다소 다르다. ISTJ의 경우 주기능은 내향적 감각(Si), 부기능은 외향적 사고(Te), 3차기능은 외향적 혹은 내향적 감정(F), 열등기능은 외향적 직관(Ne)이다. ISTJ의 심리적 기능은 판단형으로 판단기능인 T를 외향적으로 사용한다. 그런데 ISTJ는 내향형이므로 에너지 방향을 내부로 사용하는 Si가 주기능이

MEMO

된다. 그에 따라 부기능은 외향적 사고(Ti)가 된다. 3차기능은 부기능의 반대지표인 감정(F)이 되며, 열등기능은 주기능의 반대지표인 외향적 직관(Ne)이 된다.

활동하기

1. 각자의 MBTI 성격유형은 기억해 두자. 이 검사를 통해서 느낀 점이 있다면 무엇인가?

2. 만약 여러분이 3일간의 일정으로 국내 자유여행을 한다고 하자. A4 용지 1장 안에 계획서를 만들어 보자. 각자 만든 계획서에는 나도 모르게 자신의 성격유형이 반영될까?

3. 서로 유형이 같은 사람끼리 소그룹을 만들어 그룹 활동을 해보자. 또는 반대 유형과 혼합하여 그룹 활동을 해보자. 어떠한 특징이 있는가?

4. 선호지표가 같은 사람들끼리 모여 그룹 활동을 한다. 그리고 그 결과를 다른 유형과 비교해 보자.

제4장

NEO 성격검사와 나의 성격

1. 빅 파이브
2. NEO 성격검사
3. NEO 아동 및 청소년 성격검사

MEMO

인간의 성격을 특성론적 관점으로 접근한 연구 흐름의 최근 경향이 빅 파이브라고 불리는 5요인으로 공통된 견해를 보이고 있다는 것은 앞에서 언급한 바 있다. 본 장에서는 성격의 5요인과 5요인을 측정하는 성격검사에 대하여 설명하였다. 그리고 직접 성격검사를 실시하고 해석을 통하여 자신의 성격에 대하여 알아보기로 하겠다.

1. 빅 파이브

앞서 제2장에서 일부 성격 5요인에 대하여 설명한 바와 같이 성격의 5요인은 신경증, 외향성, 개방성, 우호성 및 성실성을 말한다. 구체적으로 말하면 그동안 많은 심리학자들이 접근한 인간의 성격의 여러 속성들은 5가지의 상위 요인들로 통합된다는 것을 의미한다. 초기 연구에서 피스크 Fiske (1949)는 캐텔의 16요인을 재확인할 수 없다는 것으로부터 시작하여 약 50년간 연구가 계속되었다. 1960년대에 들어서 노만 Norman (1963), 보가타 Bogata (1964), 스미스 Smith (1967)의 연구는 그들이 각각 동일한 결론에 도달하였으며, 1980년대부터 이에 관한 연구가 급증하였다. 5요인을 지지하는 많은 연구가 있는 반면, 일부는 5요인을 찾는데 실패한 연구가 보고되고 있다. 또한 구체적인 5요인에 대해서는 아직 불일치하는 점이 남아 있다. 여러 연구자는 5요인의 명칭을 다르게 표시하고 있다. 그러나 전체적으로 보면 아직까지 5요인 모델은 매우 강력하다고 할 수 있다. 우리나라의 연구에서도 한덕웅 · 이기범 · Ashton(1999)은 한국 사람들의 성격을 기술할 때에도 5요인이 핵심이 된다고 하였다.

MEMO

5요인의 성격을 나타내는 형용사 척도는 다음 표와 같다.

표 4.1 5요인을 반영하는 형용사

요인	항 목	
	양극형용사	단극형용사
외향성	대담한 – 소심한 강압적인 – 복종하는 자신 있는 – 자신 없는 말이 많은 – 말이 적은 자발적인 – 억제적인	사교적인 솔직한 정력적인 행복한 은둔적인(역문항)
우호성	우호적인 – 비우호적인 따뜻한 – 냉정한 친절한 – 불친절한 정중한 – 무례한 심성이 착한 – 성미가 고약한	질투하는(역문항) 사려 깊은 경멸적인(역문항) 성마른(역문항) 불평하는(역문항)
성실성	주의 깊은 – 분별없는 신중한 – 경솔한 책임감 있는 – 무책임한 철저한 – 부주의한 근면한 – 게으른	단정한 끈기 있는 계획성 있는 꼼꼼한 괴팍한(역문항)
신경증 또는 정서성	긴장된 – 이완된 불안한 – 차분한 흥분하기 쉬운 – 침착한 편안한 – 초조한	염려하는 불안정한 걱정이 많은 긴장된
개방성 또는 지성	상상력이 풍부한 – 상상력이 부족한 생각이 깊은 – 생각이 얕은 세련된 – 거친 호기심 없는 – 호기심 많은 창의적이지 않은 – 창의적인	총명한 지각력이 예민한 상상력이 풍부한 다변의 독창적인

MEMO

형용사 척도는 양극형용사와 단극 형용사로 되어 있으며, 여러 연구를 종합한 카버와 샤이어의 결과를 <표 4.1>에 인용하였다. 이와 같은 형용사 척도는 5요인 성격검사의 문항에서 활용되기도 한다. 표에서 괄호안의 역문항은 역전되는 것으로 반대로 채점하면 된다.

첫 번째 요인은 외향성이다. 외향성은 주장성, 지배성, 확신성과 관련이 있다. 일부는 사회성과 관련이 있다고 본다. 두 번째 요인은 우호성이다. 우호성은 좋은 관계의 유지와 관련이 있다. 학자에 따라 다르지만 우호성은 따뜻함, 호감, 유순한 응종, 정서적 지지를 말한다. 반대로 비우호성으로 나타나면 적개심과 반항적인 성질을 가진다. 세 번째 요인은 성실성이다. 여기에는 계획 세우기, 의지, 인내, 노력 등이 포함된다. 다른 이름으로 책임감과 억제를 제시하기도 한다. 네 번째 요인은 신경증 경향 또는 정서성이다. 이 요인은 불안의 주관적 경험을 말한다. 일부 연구에서는 이 요인을 정서적 혼란으로 부르기도 하였다. 실제로 검사에서의 문항은 단순한 정서의 존재 이상을 나타낸다. 마지막 요인은 경험에 대한 개방성 또는 지성이다. 여러 요인 중에서 이 요인은 학자들 중에 가장 불일치를 나타내고 있다. 이 요인은 지능, 문화, 상상력과 관련이 있다. 개방성은 인간의 사회적 경험에 관련되는 다양한 방식들에 대하여 언급한다.

2. NEO 성격검사

코스타와 맥크레(1985)는 5요인을 측정하기 위하여 NEO-PI(NEO Personality Inventory)를 제작하였다. 그 후 5요인의 하위요인들을

MEMO

수정하여 1992년 NEO-PI-R을 제작하였다. NEO-PI-R은 5점 척도로 구성된 240개의 문항을 가진 질문지이다. 현재 전 세계적으로 널리 활용되고 있으며 각 민족국가 간의 보편성이 인정되고 있다. NEO-5요인 항목표(NEO-Five Factor Inventory, NEO-PI-FF)는 NEO-PI-R의 단축형으로 60문항으로 구성되어 있다. NEO-PI-R은 다른 객관식 검사와는 달리 피검자 반응을 측정하는 타당도 척도가 없다.

NEO-PI-R의 한국어판은 국내의 여러 연구자들에 의해 연구된 바 있다. 이경임 · 안창규(1996), 안창규 · 채준호(1997), 유태용 · 김명언 · 이도형(1997) 등의 연구가 있다. 안현의 · 김동일 · 안창규(2006)는 국내의 아동과 청소년을 대상으로 한 NEO 아동 및 청소년 성격검사를 개발하였다. 본 장에서는 안현의 등(2006)의 NEO 성격검사를 주로 설명하였다.

한편 고용노동부 워크넷의 직업심리검사 중에 직업선호도검사 L형은 NEO 성격검사의 내용을 포함하고 있기 때문에 비슷한 결과를 얻을 수 있다.

3. NEO 아동 및 청소년 성격검사

3.1 성격검사의 척도

NEO-PI-R이 17세 이상의 성인을 위한 검사이기 때문에 청소년을 위한 검사로 개발한 것이다. 즉, 5요인의 축을 유지하되 하위척도의 수를 조정하고 문항수를 줄인 것이 특징이다. 검사의 반응은 5단계 평정체계로 구성되어 있다. 피검자들은 각 문항에 대해 “매우 그렇다”, “그렇다”, “그렇지 않다”, “전혀 그렇지 않다”로 응답하며 각각 4점, 3점, 2점, 1점, 0점을 부여한다. 아동 성격검사의 경우는 총 148 문항이며, 청소년 성격검사는 척도별로 8문항씩이고, 2개의 타당도 문항이 포함된 210문항이다. 검사의 척도와 하위척도의 내용은 다음 <표 4.2>와 같다.

3.2 검사시 주의사항

먼저 피검자 학생들의 검사에 대한 동기를 유발하는 것이 필요하다. NEO 성격검사는 자기의 이해를 돕고, 학생 개인의 성격적 성숙과 성장 발달을 촉진시키는 것이다. 보통 피검자들은 심리검사에 대하여 다소 주저하며 자신을 위한 것이 아닌 상담자를 위한 것으로 생각하는 경향이 있다. 따라서 성격검사에 대하여 학생들에게 올바른 오리엔테이션을 먼저 행하여야 한다.

학생들은 본 성격 검사를 통하여 자신이 자신을 평가함으로써 자신의 강점과 약점을 알 수 있다. 그리하여 더욱 자신의 강점을 개발하며 약점을 보완하는 계기를 제공한다. 검사의 내용은 성격의 5요인을 측정하는 것이며, 이와 같은 성격검사는 학생 본인의 건강한 성격관리에 긍정적인 작용을 한다. 보통 우리들이 건강관리를 위하여 검진을 하는 것처럼 성격검사도 성격관리를 위하여 필요하다고 할 수 있다. 즉, 성격검사를 하는 자체가 학생 자신의 자아의식이나 발달을 촉진한다. 일반적으로 자기이해를 잘하는 사람의 결과가 더 정확하며 성숙정도에 따라서 더 정확한 결과를 얻을 수 있다.

MEMO

표 4.2 NEO 아동 청소년 성격검사의 척도

요인	아동	청소년	NEO-PI-R	
외향성	사교성 지배성 자극추구	사교성 지배성 자극추구 활동성	온정 사교성 주장	활동성 자극추구 긍정적 정서
개방성	창의성 정서 사고	창의성 정서 사고 개방성	상상 심미성 감정의 개방성	행동의 개방성 사고의 개방성 가치의 개방성
친화성 (우호성)	온정성 신뢰성 관용성	온정성 신뢰성 관용성 이타성	신뢰성 솔직성 이타성	순응성 겸손 동정
성실성	유능감 조직성 동조성	유능감 조직성 동조성 책임감	유능감 정연감 충실성	성취동기 자기규제성 신중성
신경증 (정서성)	불안 적대감 우울 충동성 위축 정서충격	불안 적대감 우울 충동성 위축 정서충격 심약성 특이성 신체신경 자손감	불안 적대감 우울	자의식 충동성 심약성

MEMO

문항에 반응할 때는 몇 가지 주의사항이 있다. 문항에는 정답이 없으므로 답을 맞히려고 애쓰지 않아도 된다. 너무 깊이 생각하지 말고 즉시 응답하는 것이 좋다. 잘 모르겠으면 나중에 다시 검토하는 것으로 한다. 현재 나의 마음 상태를 그대로 응답하는 것이 좋다. 검사 진행자는 학생들의 질문에 대해서는 친절하게 중성적인 설명을 한다.

3.3 채점 및 해석

채점은 개별검사와 집단검사가 있다. 개별검사는 소그룹에 적당하며 자가채점용 검사지를 사용한다. 집단검사는 학교, 학년전체, 학급단위에 적합하며, 한국가이던스에 보내서 채점한다.

NEO성격검사는 특성이론에 근거하며 특성의 안정성을 가정한다. 프로파일의 해석시 좋고 나쁘다는 감정적 평가보다는 강점과 약점으로 본다. 점수는 T점수로 변환한 것을 사용하며 5요인별로 해석을 한다. 따라서 T점수의 평균인 50이 보통 수준이 되고 상대적으로 낮은 수준과 낮은 수준을 구분하여 나타낸다. 각 점수는 정규분포 곡선에 따라 상대적으로 일정 비율로 분포한다.

표 4.3 5요인 프로파일의 T점수 분포

매우 낮다	낮다	보통	높다	매우 높다
< 35	35～44	45～55	56～66	66 <
7%	24%	38%	24%	7%

MEMO

NEO 성격검사에 나타난 특성은 시간과 장소에 따라 변화하지 않는다는 가정을 하고 있지만 반드시 그렇지는 않다. 예를 들면, 수개월 이상의 경과 후에 신경증에서의 작은 변화가 나타나며, 의식적으로 기질적 행동을 수정할 때 변화가 나타날 수 있다. 그리고 자기 이해가 높아지거나 환경의 변화, 연령의 경과 등은 일부 기질의 변화를 가져 올 수 있다.

일차적으로 프로파일의 분포로부터 피검자의 성격 전반에 대하여 해석을 한다. 프로파일에서 '낮다－보통－높다'에 위치한 경우보다 '매우 낮다' 또는 '매우 높다'에 나타난 경우는 세심히 살펴야 한다. 5요인 성격검사는 MBTI 성격유형검사와 달리 신경증에 대하여 알 수 있기 때문에 해석이나 비밀 유지에 주의를 필요로 한다.

위긴스 Wiggins 등(1989)이 성격 유형의 해석에 사용한 대인간 원(interpersonal circle)의 방법을 적용할 수도 있다. 위긴스는 지배성과 사랑이라는 두 가지 차원을 가지고 8개의 조합을 만들었다. 확신에 찬 지배형, 사교적인 외향형, 따뜻하고 우호적인 형, 난 체하지 않는 순박형, 확신 없는 복종형, 무관심한 내향형, 냉담한 형, 거만한 계산형이 이에 해당된다.

즉, 5요인 중의 2가지를 상호 작용의 차원으로 보고 대인간 원의 모형을 적용하는 것이다. 조합에 따라 여러 가지가 나타날 수 있으며, 여기에서는 안창규(2007)가 제시한 학교 심리를 위한 진단적 지침을 소개한다.

MEMO

표 4.4 학교심리를 위한 진단적 지침

심리적 특징	가능성 있는 학생
대인관계가 좋은 학생	E+ A+
대인관계가 매우 힘든 학생	E− A−
소수의 깊은 친밀감을 가진 학생	E− A+
매우 행복하다고 느끼는 학생	E+ N−
매우 불행하다고 느끼는 학생	E− N+
대인관계 및 학업생활에 만족하는 학생	A+ C+
매우 사회적으로 고립된 학생	E− A− N4+
자긍심이 매우 낮은 학생	N10+
만성적 학업부진학생	C1− N10+ O3−
비만이나 신체적 열등감이 큰 학생	N9+ N10+
심리적 충격을 심하게 겪고 있는 학생	N7+ N3+ N8+ N10+
폭력경향성이 있는 학생	N2+ E3+
반사회적 성향이 있는 학생	N2+ C3− A−
매우 심한 우울증을 보이는 학생	N3+ N10+ N8+

다음은 네오 성격검사의 프로파일이다. 원래의 양식에는 하위척도별로 합계점수가 인쇄되어 있어서 그 숫자에 ○를 표시하게 되어 있다.

MEMO

NEO 청소년 성격검사 프로파일

척도		원점수	T	매우낮음 25 35	낮음 45	보통 55	높음 65	매우높음 75
E	외향성							
O	개방성							
A	친화성							
C	성실성							
N	신경증							

척도		원점수	T	매우낮음 25 35	낮음 45	보통 55	높음 65	매우높음 75
E1	사회성							
E2	지배성							
E3	자극추구							
E4	활동성							
O1	창의성							
O2	정서성							
O3	사려성							
O4	진취성							
A1	온정성							
A2	신뢰성							
A3	관용성							
A4	이타성							
C1	유능감							
C2	조직성							
C3	책임감							
C4	동조성							
N1	불안							
N2	적대감							
N3	우울							
N4	충동성							
N5	위축							
N6	심약성							
N7	정서충격							
N8	특이성							
N9	신체신경							
N10	자손감							

MEMO

활동하기

1. 성격 5요인이란 무엇인가? 여러분은 5요인 이론에 대하여 어떻게 생각하는가? 정말 성격을 나타내는 요인은 5요인뿐인가? 다른 요인은 생각할 수 없을까?

2. 나의 5요인 성격검사 결과에 대하여 어떻게 생각하는가? 나의 성격에서 부족한 부분은 평소 본인의 생각과 일치하는가? 좀 더 안정된 방향으로 개선할 의지는 있는가? 그런 방법은 무엇이라고 생각하는가?

3. 5요인 성격검사 결과와 MBTI 성격유형 검사 결과와의 차이는 무엇인가? 자신을 이해하는데 어떤 검사가 더 유효하였는가? 좋은 점을 이야기 해보자.

제5장

나의 흥미유형

1. 흥미유형
2. 홀랜드 직업선택이론
3. 홀랜드 진로탐색검사
4. 직업탐색검사의 해석

MEMO

1. 흥미유형

송병일 · 박영주(2005)는 흥미를 '어떤 일이나 활동에 대한 능력과는 달리 흥미는 얼마나 그 일을 좋아하고 관심을 갖는지를 의미하는 일반적인 행동경향'이라고 하였다. 어떤 일을 좋아하고 관심을 갖기 위해서는 먼저 탐색의 과정을 거치게 된다. 사람들은 호기심을 갖고 이와 같은 탐색 행동을 한다. 사람들은 일상생활에서 많은 부분을 주변 세계를 탐색하는데 사용한다. 이와 같은 행동을 하게 되는 것에는 동기가 작용하게 되는데 이것을 탐색 동기라고 한다. 탐색 동기에는 크게 호기심 동기, 자극 추구 동기, 조작 동기로 나눌 수 있다.

사람들의 흥미를 측정하는 도구를 흥미 검사라고 하며, 여기에는 일반 흥미와 학습 흥미 그리고 직업 흥미를 측정하는 것이 있다. 본 교과에서는 진로와 관련된 직업 흥미를 측정하는 직업흥미검사에 대하여 설명한다. 직업흥미검사는 크게 세 가지 종류로 나눌 수 있다. 첫째는 스트롱 Strong 식 직업흥미검사이다. 이는 특정 직업군의 직업이나 활동에 대한 선호도의 패턴이 한 개인의 선호도와 일치하면 그 직업군의 흥미를 나타낸다고 하는 이론에 입각한 것이다. 두 번째는 쿠더 Kuder 식 직업흥미검사이다. 이는 특정 직업군에서 나타나는 동질적 내용의 활동들로 구성되는 선호도로 결정한다. 세 번째는 홀랜드 Holland 식 직업흥미검사이다. 이는 사람들의 성격과 직업 생활의 유형을 분석하는 것으로 개인의 성격, 흥미, 가치의 유형이 직업적 생활의 유형과 일치하는 정도를 측정한다. 여기에서는 직업흥미와 관련하여 대표적 연구자인 홀랜드의 이론을 살펴보고, 홀랜드 이론에 입각한 흥미검사를 실습하는 것으로 한다.

MEMO

2. 홀랜드 직업선택이론

앞에서 언급하였듯이 홀랜드의 이론에 따라 유사한 여러 종류의 진로탐색 관련 검사가 개발 보급되었다. 각 검사 도구에 따라 사용한 문항과 내용은 다소 다르더라도 그 결과의 해석은 홀랜드의 이론에 의한 해석을 하여야 한다(안창규, 2005). 올바른 해석을 하기 위하여 홀랜드 이론의 개요를 소개한다.

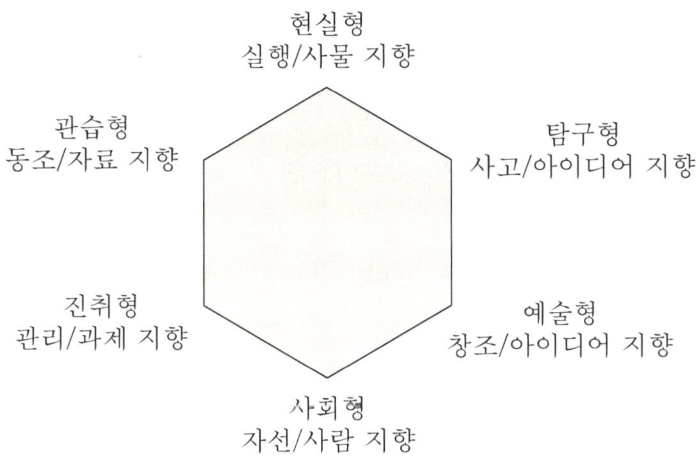

그림 5.1 홀랜드의 개인-직업환경 적합성 모델

MEMO

2.1 홀랜드의 개인-직업환경 모델

2.1.1 홀랜드 이론의 기본 명제

(1) 우리 문화 속에서 대부분의 사람은 6가지 성격유형(현실적, 탐구적, 예술적, 사회적, 기업적, 관습적인 유형) 중에서 하나로 분류될 수 있다.
(2) 6가지 환경 모형(현실적, 탐구적, 예술적, 사회적, 기업적 혹은 진취적, 관습적인 모형)이 있다.
(3) 사람들은 자신의 기술과 능력을 발휘하고 태도와 가치를 표현할 수 있으며 이런 특징들과 부합되는 문제와 역할을 수행할 수 있는 환경을 찾고자 한다.
(4) 행동은 성격과 환경의 상호작용에 의해서 결정된다.

2.1.2 홀랜드 이론의 기본 원리

(1) 직업선택은 성격의 표현이다.
(2) 흥미검사는 곧 성격검사이다.
(3) 직업선택은 신뢰롭고 중요한 심리적·사회적인 의미를 내포한다.
(4) 동일한 직업을 갖고 있는 사람들은 비슷하게 성장해 왔을 것이며 성격도 유사할 것이다.
(5) 똑같은 직업을 기진 사람들은 유사한 성격을 갖고 있기 때문에, 그들은 유사한 방법으로 어떤 상황에 반응하고 문제를 해결하

MEMO

며 특징적인 환경을 조성할 것이다.

(6) 직업만족, 직업적 안정, 직업적 성취는 개인의 성격과 그들이 일하는 환경간의 조화에 따라 결정된다.

2.2 육각형 모형에서의 용어 정의

2.2.1 일치도(Degrees of Congruence)

개인의 성격유형과 환경유형간의 일치정도를 말한다. 서로 다른 사람들은 각기 다른 환경을 필요로 한다. 왜냐하면 환경은 그 환경에 맞는 성격 유형을 가진 사람들에게 더 많은 기회와 보상을 주기 때문이다. 예를 들어, 현실적(R) 성격유형을 가진 사람이 현실적(R) 환경에서 종사할 경우 일치도가 높다고 말한다. 성격유형과 일치하는 환경에 사는 사람들은 익숙하고 적합한 환경 속에서 자신이 좋아하는 행동을 표현한다. 그러나 일치하지 않는 환경 속에 사는 사람은 부적응을 나타내기 쉽고 동료나 상사들로부터 인정받지 못하는 행동을 하는 경향이 있으며 직무만족도도 낮다.

2.2.2 일관도(Degrees of Consistency)

성격유형과 환경모형간의 관련정도를 말한다. 일관도 또는 관련성은 어떤 직업을 얼마나 더 선호할 것인가에 영향을 준다. 육각형 모형에서 인접해 있는 유형(R-1, I-A, A-S, S-E)끼리는 가장 일관도가

MEMO

높고 흥미나 성격특성의 관련성도 높다. 육각형 모형에서 하나씩 건너 뛴 유형(R-A, R-E, I-S, A-E)들은 중간 정도의 일관도를 나타낸다. 서로 대각선에 위치하고 있는 유형(R-S, I-E, A-C)들은 가장 일관도가 낮다.

2.2.3 분화도 혹은 변별도(Degrees of Differentiation)

사람이나 환경이 얼마나 잘 구별되고 규정되는가를 나타내는 정도를 말한다. 한 개인의 성격 유형이 어떤 유형과는 유사하고 다른 유형과는 유사하지 않을 경우 분화도가 높다고 한다. 그러나 개인이나 환경이 몇 가지 유형에서 유사한 정도를 나타낼 경우 분화도가 낮다고 한다. 적성탐색검사의 경우, 분화도란 가장 높은 점수에서 가장 낮은 점수를 뺀 값을 말한다.

2.3.4 정체성(Degrees of Identity)

이 개념은 자신에게 갖는 정체성 또는 환경에 대해 갖는 정체성이 얼마나 분명하고 안정되어 있는가를 평가하는 것이다. 개인적 정체성은 분명하고 안정된 인생의 목표, 흥미, 재능을 가짐으로써 얻게 된다. 환경적 정체성은 환경이나 조직이 분명하고도 통합된 목표, 직무, 보상이 일관되게 주어질 때 생긴다. 일관도, 분화도, 정체성은 성격유형과 환경모형과 같은 주요개념에 초점을 두면서 그것들이 분명하게 구분되고 정의되는 정도를 나타낸다.

MEMO

2.3.5 보편성(Degrees of Commonness)

검사를 통하여 얻어진 내담자의 진로코드가 어느 정도 보편성이 있는가 하는 정도를 말한다. 보편성은 다른 사람에게도 어느 정도 흔하게 나타나는 진로코드인가 하는 것이다. 안창규(2005)는 우리나라 학생들을 대상으로 하여 개인의 진로코드의 분포를 확인할 수 있는 자료를 다음 표와 같이 제시하였다. 사람들의 유형이 육각형 모형의 유형의 빈도가 높아 흔한 유형이면 보편성이 높고 그렇지 않으면 보편성이 낮다고 말한다. 이것은 진로코드가 두 자리 또는 세 자리일 때 더욱 뚜렷이 나타난다. 예를 들어, RI나 SA 등의 유형은 매우 빈도가 높지만 CA나 RS같은 유형은 드물다.

표 5.1 한 자리 유형코드의 분포(%)

유형	전체		중학교		고등학교		대학교	
	남	여	남	여	남	여	남	여
R	31.5	5.0	47.8	5.0	37.3	6.9	21.0	4.3
I	10.9	10.9	12.4	9.0	9.2	8.7	11.3	12.3
A	16.7	26.7	10.0	18.9	18.3	20.3	18.6	31.7
S	21.5	43.1	17.2	50.7	18.7	47.5	24.9	39.1
E	12.6	6.9	4.8	10.4	10.9	8.7	16.9	5.2
C	6.9	7.3	7.7	6.0	5.6	8.0	7.2	7.4
사례수	982	1,152	210	201	284	273	488	678

MEMO

3. 홀랜드 진로탐색검사

3.1 홀랜드 진로탐색검사와 장점

3.1.1 홀랜드 진로탐색검사

고용노동부 직업흥미검사와 마찬가지로 홀랜드의 진로이론에 따라 사람들의 직업적 적성과 직업이 6가지 유형으로 구분될 수 있다는 전제하에 만들어진 검사이다. 홀랜드 진로탐색검사는 홀랜드가 직접 제작한 자기탐색검사(SDS)를 비롯하여 진로탐색검사, 적성탐색검사, 진로발달검사 등이 있으며 이들 검사의 대표적인 명칭으로 홀랜드 진로탐색검사라고 한다. 국내에는 한국가이던스에서 출판하고 있는 안창규·안현의 교수 공저의 홀랜드 적성탐색검사가 알려져 있다. 또한 스트롱 진로탐색검사도 국내에 보급되고 있는데 두 가지 검사 모두 홀랜드의 이론이 기본으로 되어 있는 것이 특징이다. 이론은 같더라도 보급하는 기관에 따라 구별되어 사용하기도 한다.

3.1.2 홀랜드 진로탐색검사의 장점

홀랜드 진로탐색검사는 다음의 몇 가지 장점을 갖는다(안창규·안현의, 2003). 첫째, 직업적 성격유형을 RIASEC이라는 6개의 차원으로 구분하여 사람의 성격유형과 직업적 생활환경에서의 유형은 모두 이러한 6각형 모형에 따라 분류될 수 있다. 둘째, RIASEC 유형론은 어떤 사람이 진로의식과 자기이해를 위해 그리고 앞으로 어떤 직업

MEMO

표 5.2 직업흥미검사의 측정요인과 설명

하위검사	측정요인	요 인 설 명
흥미검사	1. 현실형	분명하고 질서정연하고 체계적인 활동을 좋아하며 기계를 조작하는 활동 및 기술을 선호하는 흥미유형
	2. 탐구형	관찰적, 상징적, 체계적이며 물리적, 생물학적, 문화적 현상의 창조적인 탐구활동을 선호하는 흥미유형
	3. 예술형	예술적 창조와 표현, 변화와 다양성을 선호하고 틀에 박힌 활동을 싫어하며 자유롭고, 상징적인 활동을 선호하는 흥미유형
	4. 사회형	타인의 문제를 듣고 이해하고, 도와주고, 치료해주는 활동을 선호하는 흥미유형
	5. 진취형	조직의 목적과 경제적 이익을 얻기 위해 타인을 지도, 계획, 통제, 관리하는 일과 그 결과로 얻게 되는 명예, 인정, 권위를 선호하는 흥미유형
	6. 관습형	정해진 원칙과 계획에 따라 자료를 기록, 정리, 조작하는 활동을 좋아하고 사무능력, 계산능력을 발휘하는 것을 선호하는 흥미유형

적 환경을 선택해 갈 것인가 하는 개념적 방향성을 갖게 하므로 자신의 진로발달을 구성해 가는 훌륭한 지침이 된다. 셋째, RIASEC 성격유형론은 사람들의 흥미, 성격, 가치, 동기 및 능력 등의 여러 개념을 포함하고 있어서 다른 검사의 도움이 필요하지 않으며 이에 따른 검사 비용의 절감과 효율성을 높여준다. 넷째, 직업적 성격 유형에 따라 개인의 진로발달을 계획해 가는 접근은 특정한 진로선택이 아니라 진로통로를 제공해 주려는 최근의 진로이론과 일치한다. 다섯째, 학

MEMO

생들의 진로선택, 흥미의 개발 직무만족도, 직업이나 학업의 성공도를 잘 예언해 줄 수 있을 뿐만 아니라 임상적 상담에서 활용성이 매우 높다.

3.2 홀랜드 직업탐색검사의 실시

3.2.1 주의사항

검사의 대상은 한글의 해독이 가능한 중학생 이상으로 한다. 연령이 낮은 학생의 경우는 직업 또는 개인 정보가 부족하여 검사 진행자의 설명이 필요하다. 그러나 성인의 경우는 여러 경험이나 정보가 풍부한 편이므로 무리 없이 진행할 수 있다. 자신의 직업이나 가능성을 알기를 원하는 사람에게 더욱 효과가 있다. 수업시간의 과제나 일방적인 검사는 각 개인의 관심과 적극적인 참여가 부족하므로 바람직하지 않다.

실시 장소는 주의를 집중할 수 있는 곳이라면 어느 곳이나 무방하다. 대부분의 심리검사가 그렇듯이 채광과 조명이 확보한 곳이면 좋을 것이다. 가능하면 좌석 배치는 여유 있게 하고 학생에게 익숙한 장소가 바람직하다.

실시 시간은 학생들이 집중력과 기억력이 높은 시간대를 활용하는 것이 좋을 것이다. 일반적으로 오전 10시에서 12시 사이의 시간을 이용할 것을 추천한다. 능력검사가 아니기 때문에 검사 시간의 제한은 없으나 대략적으로 40~50분 정도 소요된다.

MEMO

3.2.2 채점 및 각종 지수 계산

진로탐색검사는 온라인으로 실시하는 것과 개별채점용이 있다. 따라서 컴퓨터에 의한 결과는 한국가이던스에서 직접 출력물을 받아볼 수 있으며, 개별 채점용은 검사 실시 후 본인이 채점하는 방식이다.

진로탐색 검사는 중고등학생용의 경우는 5개의 하위검사로 되어 있으며, 대학생 및 성인용은 6개의 하위검사로 구성되어 있다. 하위검사의 내용은 성인의 경우 가치, 성격, 유능감, 활동, 직업, 자기평정의 하위영역으로 되어 있다. 진로탐색검사 채점 결과는 RIASEC 영역의 하위검사에 대한 점수를 얻을 수 있다.

진로탐색검사의 포괄적인 해석을 위한 지수로는 긍정반응지수, 변별도 지수, 일관성 지수가 있다. 변별도와 일관성은 앞에서 설명한 바와 같다. 긍정반응지수는 각 영역별 또는 전체검사에 걸쳐 각 척도별 최대점수에 대한 긍정반응 점수의 백분율을 말한다. 만약 피검자가 충실하게 검사에 응하지 않고 적당히 긍정 또는 부정으로 응답을 할 경우, 전체 프로파일의 척도는 높게 나타나거나 또는 낮게 나타날 것이다.

4. 직업탐색검사의 해석

4.1 직업 선호도검사의 해석

고용노동부의 직업선호도검사는 인터넷 상에서 실시할 수 있으며,

MEMO

즉시 결과물을 출력하여 사용할 수 있다는 장점이 있다. 직업선호도 검사는 S형과 L형이 있으며, L형의 경우 흥미검사, 성격검사와 생활사 검사를 포함하고 있어 18세 이상의 성인이면 학력에 제한을 받지 않는다. 경우에 따라서 중학생 이상이면 가정이나 학교 장면에서도 활용이 가능하다. 단, 앞에서 언급한 심리검사의 지식 없이 결과물이 노출되고 있기 때문에 결과물의 해석과 관리 등에 유의하여야 한다. 우성진・신용수(2001)는 결과 해석에 대한 특징을 다음과 같이 제시하고 있다.

첫째, 흥미검사 결과는 이 영역의 상단에 피검자의 흥미코드가 세 자리 문자로 결정되며 흥미코드는 최적 직업, 적합 직업, 적합훈련 직종을 안내하는 기준이 된다. 원점수는 세 자리 흥미코드를 결정하는 점수로서 6가지 흥미유형 중 어떤 유형에 관심이 높은지를 알려주게 된다. 만약 피검자의 원점수가 연령 및 성별이 유사한 집단과 비교했을 때 어떤 위치를 차지하는지 알고 싶다면 표준점수를 참고하면 된다.

둘째, 성격검사 결과는 성격의 5요인의 양극단에 대한 설명을 제공하여 피검자 자신이 어느 위치에 해당하는지 표준점수로 나타낸다. L형의 경우 5요인을 모두 포함하지만 S형은 성실성과 정서적 불안정성 척도만을 나타내므로 주의하여야 한다.

셋째, 생활사검사는 모두 15개의 요인을 포함하고 있으며 각 요인마다 양극단에 해당되는 설명과 함께 피검자의 위치를 표준점수로 나타내주고 있다. 생활사검사 중 자존감은 직업에 상관없이 직무 수행정도를 잘 예측해 주는 척도이며, 자존감 척도의 점수를 상・중・하로 나누어서 해석을 제공한다.

MEMO

4.2 홀랜드 진로탐색검사의 해석

4.2.1 결과표

홀랜드 진로탐색검사는 결과표로 정리된다. 결과표는

① 검사 전 진로코드
② 검사 후 진로코드
③ 일치도
④ 분화도
⑤ 일관도
⑥ 진로코드 보편성
⑦ 긍정 응답률
⑧ 영역 간 일치도
⑨ 희망전공/직업 일치도
⑩ 영역 내 일관도
⑪ 진로정체감

을 나타낸다. 진로코드를 제외한 항목은 모두 결과를 상·중·하로 표시하게 되어 있다. 이외에도 현재교육 및 직업과의 일치도, 학력, 대학 전공, 경력 등이 포함된다.

결과 분석은 검사 전후 진로코드, 희망 학과코드 요약, 희망 직업코드 요약, 일치도, 일관도, 분화도, 진로코드 보편성, 긍정 응답률, 진로정체감을 분석하고 검토하여 진로성숙의 정도를 고려하여 안정적인 최종 진로코드를 정한다. 이러한 내용들은 내담자의 진로발달 및

MEMO

성숙도를 알아볼 수 있고 또한 검사결과 얻어진 진로코드의 안정성을 가늠할 수 있게 하며, 여기 후속되는 진로상담의 방향을 결정하는데 도움이 된다.

4.2.2 진로코드의 결정

진로탐색의 결과로 개인의 흥미유형은 진로코드를 부여하게 된다. 이때 진로코드의 결정은 다음의 3가지로 구분할 수 있다. 1순위와 2순위의 원점수 차이가 10점 미만인 경우에는 1차와 2차의 코드 2개가 부여되는데 각각 1순위・2순위와 2순위・1순위로 진로코드는 결정된다. 1순위와 2순위의 원점수 차이가 10점 이상인 경우는 1순위・1순위의 코드 1개로 결정된다. 1순위에서 3순위까지의 점수차가 10점 이내인 경우는 3개의 순위의 조합을 모두 코드로 사용할 수 있다.

RIASEC 여섯 개의 척도 점수간에 차이가 10점 이상인 경우는 그 사람의 명확한 진로유형 코드를 말할 수 있지만, 점수차가 크게 나지 않는 경우에는 진로코드가 명확하지 않다. 따라서 경우에 따라서 모든 유형이 그 사람의 흥미유형이 될 수 있다. 이와 같은 경우는 해석에 주의를 할 필요가 있다. 이런 경우는 성실하게 응답을 한 것인지, 성격적 결함은 없는지, 다른 진로검사를 실시할 것인지에 대하여 생각해 보아야 한다. 필요에 따라서는 개별 상담이 이루어질 수도 있을 것이다.

4.2.3 프로파일 해석

MEMO

평평한 모양으로 나타나는 프로파일은 변별도가 낮은 프로파일이다. 예를 들면, 전체적으로 유형별 점수가 전체적으로 높거나 전체적으로 낮게 분포하는 경우를 말한다. 이것이 의미하는 경우를 안창규·안현의(2003)는 다음 중 하나일 것이라고 소개하고 있다.

(1) 그 피험자는 진로발달에 경험이 부족하거나 미성숙한 경향이 있다.
(2) 평평한 모양의 프로파일은 여러 가지 재능과 흥미를 가진 잘 통합된 사람을 가리킨다. 반면에 일관도와 일치도가 낮으면서 평평한 모양의 프로파일은 정서가 분열되어 있고 혼란스러운 사람을 의미한다.
(3) 높게 평평한 프로파일들, 즉 총계 점수가 모두 높게 나온 경우에는 활기가 넘치고 다양하고 광범위한 흥미와 재능을 가진 사람을 의미한다.
(4) 낮게 평평한 프로파일들, 즉 총계 점수가 모두 낮게 나온 경우에는 문화적 경험의 부족·자기거부·정체감의 혼란 등을 의미한다.

6각 모형에서 분포도의 해석은 변별도 및 일관성을 쉽게 알아 볼 수 있다. 특히 선택된 진로코드와 다른 유형코드의 분포를 살펴보아야 한다. 예를 들어, RC 유형이면 반대편의 SA의 점수가 낮게 나타나는지 확인하여야 한다. 그리고 I와 E의 분포가 상대적으로 높은지를 살펴보아야 한다. 전체적으로 잘 구조화되어 있으면 검사의 해석은 타당하다고 볼 수 있다.

MEMO

활동하기

1. 여러분의 흥미유형은 무엇인가? 홀랜드 진로탐색 결과는 여러분의 흥미유형을 잘 나타내고 있는가?

2. 지금의 전공학과와 여러분의 흥미유형에 대하여 말해 보자. 흥미유형이 일치하는 경우와 그렇지 않은 경우가 있을 것이다. 흥미유형이 일치하지 않는 학생은 어떻게 생각하는가?

3. 상황에 의해 취업한 직장이 자신의 흥미유형과 다르다고 하면 어떻게 할까? 적응하여야 한다고 할 때 여러분의 생각은 어떠한가?

4. 그동안 생활하면서 자신의 흥미유형에 맞는 생활을 하였는가? 그렇지 않은 경우 어떠한 결과가 나타났나?

제6장

진로 설계

1. 진로 상담
2. 대학생과 취업
3. 생애 진로설계
4. 나의 포트폴리오

MEMO

1. 진로 상담

스완슨 Swanson 과 파우드 Fouad (1999)는 진로상담이란 '상담자와 내담자가 서로 만나 대화를 통해 이루어지는 상호작용'이라고 하였다. 김봉환 등(2006)은 진로상담이란 '개인의 진로발달을 촉진시키거나 진로계획, 진로·직업의 선택과 결정, 실천, 직업적응, 진로변경 등의 과정을 돕기 위한 활동'을 의미한다고 하였다. 그러나 진로상담은 반드시 개인과 개인 간에 이루어지는 것은 아니고 학급과 같은 집단을 대상으로도 이루어진다.

1.1 진로 문제 나누기

프로그램 참가자들 간에 서로의 진로문제에 대하여 이야기를 나누는 시간이다. 자신의 진로에 대한 고민을 털어 놓는 것에 의해 개인은 물론 프로그램 참가자들에게도 긍정적인 피드백을 받을 수 있다. 그리고 진로문제 나누기 프로그램을 통해 상대방을 이해할 수 있게 된다. 개인마다 갖고 있는 고민거리는 달라도 여러 사람들의 이야기를 듣다보면 공감하는 부분이 생기게 된다.

학생들이 발표하는 진로에 관한 고민거리를 들으면서 여러분은 어떤 인상을 받았는가? 그들의 진로문제에 대해 여러분은 어떻게 생각하는가? 더 알아야 할 추가정인 정보는 무엇인가? 그들이 털어 놓은 문제를 어떻게 다루어야 할 것인가? 고민거리를 들으면서 각자 생각해 보는 시간을 갖도록 한다.

MEMO

이 때 듣는 사람들은 고민거리를 이야기하는 사람에 대한 호소문제와 개입방법에 대한 예감을 가지게 되는 것이 보통이다. 이를 가설이라고 하며, 듣는 사람들이 생각하여야 할 몇 가지 질문은 다음과 같다. 첫째, 고민거리를 이야기하는 사람에 대해 알려진 정보는 무엇인가? 둘째, 나의 가설이 맞았는가, 또 필요한 정교화는 있는가? 셋째, 고민거리를 말하는 사람에게 어떠한 가설을 세울 수 있는가? 단, 여기서는 직접 질문을 하는 상황이 아니기 때문에 마음속으로 해야 할 것이다.

1.2 경청

이 시간을 위해서는 특히 듣는 사람의 태도가 중요하다. 진로문제를 들어 주는 사람은 말하는 사람과 의사소통을 한다고 할 수 있다. 이때 듣는 사람은 몇 가지 기술이 필요한데 이에 대해서는 제10장의 의사소통에서 설명하고 있다. 다음은 간단한 의사소통 기술의 개요를 소개하였다.

1.2.1 언어적 의사소통

(1) 지지적 언어 반응
(2) 언어의 재구성
(3) 감정에 대한 반응
(4) 인식의 명료화
(5) 장점 강조

MEMO

1.2.2 비언어적 의사소통

(1) 눈맞춤
(2) 옷차림과 외양
(3) 표정
(4) 자세와 몸동작

1.2.3 비에스텍의 7대 원칙

진로문제 나누기에 앞서 학기 초에 학생간의 라포 형성이 필요하다. 이는 상담과정의 초기단계에 해당하는 것으로 상담자와 내담자 간의 관계형성을 말한다. 따라서 서로 잘 모르는 학생들 간에 자신의 진로문제를 털어 놓는 일이 그리 쉬운 일이 아니다. 따라서 학생 상호간에 진로문제 나누기를 하기 전에 서로 약속이나 규칙을 정하는 것이 좋다. 여기에는 일반적으로 상담의 현장에서 사용하는 비에스텍 Biestek (1957)의 7대 관계원칙을 다음에 제시하였다. 프로그램 진행자는 학생들에게 이 내용을 충분히 이해시키고 따르도록 설명하여야 한다.

(1) 개별화
(2) 의도된 감정표현
(3) 통제된 정서적 개입
(4) 수용
(5) 비심판적 태도
(6) 자기결정
(7) 비밀보장의 원칙

MEMO

2. 대학생과 취업

2.1 청년기의 발달과제

대학생은 인간발달 단계에서 보면 청년기에 해당한다. 인간발달을 여러 단계로 설명한 대표적 학자인 하비거스트 Havighurst (1972)는 인간의 발달 단계와 과제를 논하면서 청년기에 해야 할 여러 가지 발달과제 중의 하나로서 '직업의 준비'를 제안하였다. 여기서 직업이란 무엇인가? 직업의 정의에 대해서는 제11장에서 자세히 설명하기로 한다. 여러 정의 가운데 김봉환 등(2007)은 직업이란 '일생동안 수행하게 되는 일 중에서 특정 시점에서 수행하는 주된 일의 역할'을 의미한다고 하였다. 이와 같은 직업을 선택하는 일이 청년기에 해결해야 할 중요한 과제인 것이다.

2.2 직업선택이론

그러면 개인의 직업선택은 어떻게 이루어질까? 여기에 대한 설명은 여러 가지 직업 이론으로 설명할 수 있다. 수퍼 Super (1974)는 직업선택은 개인의 자기개념 발달과 밀접하게 관련되어 있다고 보고 자아개념의 발달을 8단계로 구분하여 설명하고 있다. 수퍼는 청년기에는 자신이 갖기를 원하는 직업의 범위를 축소하고, 이러한 직업을 얻기 위한 기술 훈련을 받고 직업의 세계로 진입하는 시기로 보았다.

MEMO

긴츠버그 Ginzberg (1990)는 직업 선택을 아동기부터 성인기에 걸쳐서 이루어지는 개인적 선호를 최적화하는 과정이라고 하였다. 그는 직업 선택의 과정을 환상적 시기, 시험적 시기, 현실적 시기로 구분하였다. 환상적 시기는 개인적 소망에 근거하여 직업을 선택하고 개인의 능력, 훈련, 직업적 기회 등에는 관심을 두지 않는 시기로서 주로 아동기에 해당한다. 시험적 시기는 청소년기에 해당하는 시기로서 직업에 대한 흥미, 능력, 교육, 가치관, 인생 목표 등과 현실적인 문제를 함께 고려하여 직업을 선택하려고 하는 시기이다. 현실적 시기는 청년기부터 성년기에 해당하는 시기로서 특정 직업에 필요한 훈련, 자신의 흥미나 재능, 직업 기회 등을 현실적으로 고려하여 선택한다.

청년기의 직업 선택 과정에 대하여 오닐 O'Neil 등(1980)은 개인의 성격과 능력 이외에도 성역할 사회화 과정이 직업 선택 과정에 영향을 준다고 하였다. 성역할 사회화 과정과 직업 선택 과정의 상호 작용에 영향을 주는 요인으로는 개인적 요인, 심리사회적 요인, 사회경제적 요인, 사회 관습적 요인, 가족요인 그리고 상황적 요인들이 있다.

2.3 직업선택의 요인

한국산업조직심리학회(2000)는 개인의 직업 선택에 관련한 요인을 내적 요인과 외적 요인으로 구분하였다. 각각 요인의 세부요인은 다음과 같다.

MEMO

2.3.1 내적 요인

(1) 일반적 특성 : 성별, 체격
(2) 개인 심리학적 특성 : 적성, 흥미, 성격·기질·가치
(3) 개인 사회학적 특성 : 가족의 사회 경제적 신분, 교육 기회, 생활양식

2.3.2 외적 요인

(1) 작업 상황 : 훈련 시간과 시간, 신체적 요구 사항, 환경적 조건
(2) 사회학적 영향 : 직업 명성, 직업 유동성
(3) 경제학적 관점 : 수요와 공급, 고용과 실직, 임금 체계, 구조적 변화의 영향

2.4 진로선택과 관련한 개념들

직업 선택과 관련한 대학생들의 내적 요인에서 중요한 개념 중에 진로성숙도가 있다. 진로성숙도와 유사한 개념으로 직업성숙, 진로의식 성숙, 진로발달, 직업발달, 진로의식발달, 직업의식발달 등 다양하다. 한국교육개발원(1992)은 진로성숙을 '자아의 이해와 일과 직업세계의 이해를 기초로 하여 자기 자신의 진로를 계획하고 선택하는 과정에서 동일 연령이나 발달 단계에 있는 집단의 발달 과업 수행 정도에서 차지하는 개인의 상대적인 위치'로 정의하였다. 김봉환 등

MEMO

(2007)은 진로 성숙을 요약하여 '자아의 이해, 일과 직업세계의 이해를 바탕으로 자신의 진로 계획과 진로 선택을 통합, 조정해 나아가는 발달 단계의 연속'이라고 하였다.

진로성숙도 검사는 대표적인 것으로 CMI (Career maturity inventory), 한국교육개발원의 진로성숙도 검사, 한국직업능력개발원의 진로성숙도 검사가 있다. 한국직업능력개발원의 진로성숙도 측정 요소 및 검사결과는 <표 6.1>과 같다.

표 6.1 진로성숙 검사결과표

<table>
<tr><th>순위</th><th colspan="2">하 위 검 사</th><th>백분위</th><th>T검사</th></tr>
<tr><td rowspan="3">태도</td><td colspan="2">계획성</td><td></td><td></td></tr>
<tr><td colspan="2">일에 대한 태도</td><td></td><td></td></tr>
<tr><td colspan="2">독립성</td><td></td><td></td></tr>
<tr><td rowspan="6">능력</td><td colspan="2">자기이해</td><td></td><td></td></tr>
<tr><td colspan="2">정보활용 및 합리적 의사결정 능력</td><td></td><td></td></tr>
<tr><td rowspan="3">일반적 직업에 대한 지식</td><td>하는 일</td><td></td><td></td></tr>
<tr><td>임금/근무환경</td><td></td><td></td></tr>
<tr><td>필요한 능력과 환경</td><td></td><td></td></tr>
<tr><td colspan="2">선호직업에 대한 지식</td><td></td><td></td></tr>
<tr><td>행동</td><td colspan="2">진로탐색 및 직업활동</td><td></td><td></td></tr>
</table>

MEMO

3. 생애 진로설계

생애 진로 발달이란 개념은 기스버즈 Gysbers 와 무어 Moore (1973)가 제안한 것으로 일생에 걸쳐 한 개인의 생애역할, 장면, 사건이 서로 상호작용하고 통합되면서 개인 자기 능력을 개발하는 과정을 말한다. 생애진로발달은 생애 역할, 생애 장면, 생애 사건으로 구분된다. 결혼, 은퇴, 취업, 이혼 등은 다양한 생애 사건 속에 포함된다. 생애진로발달을 이해하기 위해서는 성별, 민족적 기원, 인종, 종교, 사회경제적 지위를 함께 고려해야 한다. 기스버즈 등(1998)은 생애 진로 발달을 과거, 현재, 미래 자신들의 진로 발달 역동을 확인하고 설명하며 이해하는 렌즈로 사용하는 이유는 진로 의식, 즉 스스로 삶의 진로를 가시화하고 계획하는 능력을 생성시키기 위한 것이라고 하였다.

3.1 진로 계획 세우기

학습자이 중단기 목표를 세우는 활동이다. 일반적인 학습에 있어서도 학습목표를 세우는 일은 중요하다. 목표를 세움에 있어서 중요한 요인은 학습동기일 것이다. 졸업 후의 진로에 대하여 진학은 물론 취업과 관련해서 신입생의 경우 목표를 세우는 것은 매우 의미 있는 활동이 된다. 막연한 미래의 계획을 세우기에 앞서 왜 이와 같은 활동을 하는가는 생애 진로 발달 차원에서 접근하는 것이 바람직할 것이다.

MEMO

3.1.1 생애곡선 그리기

황매향(2007)은 생애 계획하기의 한 방법으로 절정과 절망 경험 찾기와 생애 곡선 그리기를 제안하였다. 여기서는 생애 곡선 그리는 방법을 소개한다.

(1) 자신의 현재 나이를 그림의 수평선 위에 ×로 표시한다.
(2) 자신의 예상 수명을 수평선의 오른쪽 끝에 적는다.
(3) 현재부터 사망까지는 5년 간격으로 구분한다.
(4) 절정과 절망 경험을 점으로 표시한 후, 어떤 것인지 구체적인 사건을 적는다. 그 때의 느낌이나 생각도 적는다. 이 때 절정과 절망의 정도에 따라 선이 올라가기도 하고 내려가기도 한다.
(5) 앞으로의 삶이 어떠할 것인지를 예측하여 점선으로 표시한다. 미래의 절정이나 절망 경험이 어떤 것일지 구체적으로 적고 그 때의 느낌이나 생각을 적는다.

3.1.2 진로계획 세우기

한국전문대학교육협의회(2007)는 진로 설계의 기본 원리를 참고하여 자신의 진로계획을 만들어 보도록 소개하고 있다. 기본 원리는 다음과 같다.

(1) 진로 설계는 건축 설계와 비슷한 것이므로 내가 원하는 집을 짓기 위한 설계도는 나에게 가장 적합한 범위 내에서 만들어져야 한다.

MEMO

(2) 나의 소질과 적성, 능력과 흥미에 기초하여 생애 설계를 하도록 한다.
(3) 나만의 올바른 내면적 가치관을 존중하는 방향으로 설계해야 한다.
(4) 교육 정보, 직업 정보, 개인·사회적 정보 같은 다양한 진로 정보를 끊임없이 탐색·수집하여 나에게 필요한 정보를 선택하고 이용하여 내 생애 설계를 계획하고 수정·보완하여야 한다.
(5) 내가 장래에 하고 싶은 일을 한 단계씩 작은 일부터 충실하게 실행에 옮길 수 있고, 전체적으로 볼 때 꾸준함과 계속성이 유지될 수 있도록 설계해야 한다.

3.2 중·단기 생애목표 설계

<표 6.2>는 중·단기적 생애 목표 설계를 위한 표이다. 학생들이 프로그램 시간을 통하여 활동할 수 있도록 제시하였다. 대학을 졸업한 후의 진로를 생각하면 좀 더 현실적인 설계를 하는 것이 중요하다. 자신의 향후 5개년 계획을 세우는 일은 현재 대학생활에서의 마음가짐과 태도의 변화에 직접적인 영향을 줄 수 있다. 따라서 각자 신중하게 중·단기 목표를 세워야 한다. 이 계획이 수립되면 1년 단위의 계획과 월별계획, 주간계획, 1일 계획을 세우기가 쉬워진다.

MEMO

표 6.2 생애 목표 설계

목표 / 시기	목표 1	목표 2	목표 3
현재			
1년 후			
2년 후			
3년 후			
4년 후			
5년 후			
생애 목표			

MEMO

4. 나의 포트폴리오

표 6.3 포트폴리오 양식(앞면)

<table>
<tr><td rowspan="5">사진</td><td rowspan="3">성명</td><td>한글</td><td></td><td>대학명</td><td></td></tr>
<tr><td>한자</td><td></td><td>학과</td><td></td></tr>
<tr><td>영문</td><td></td><td>학번</td><td></td></tr>
<tr><td>주소</td><td colspan="2"></td><td>전화</td><td></td></tr>
<tr><td>HP</td><td colspan="2"></td><td>이메일</td><td></td></tr>
<tr><td rowspan="4">자기이해 영역</td><td colspan="2">성격유형
(MBTI)</td><td></td><td>직업흥미
(홀랜드)</td><td></td></tr>
<tr><td colspan="2">직업적성</td><td></td><td>직업가치관</td><td></td></tr>
<tr><td colspan="2">사상체질</td><td></td><td>혈액형</td><td></td></tr>
<tr><td colspan="2">관심분야</td><td></td><td>취미・특기</td><td></td></tr>
<tr><td rowspan="4">학력 사항</td><td colspan="2">학교명</td><td>소재지</td><td>학교성적</td><td>진로목표</td></tr>
<tr><td colspan="2">중학교</td><td></td><td>상・중・하</td><td></td></tr>
<tr><td colspan="2">고등학교</td><td></td><td>상・중・하</td><td></td></tr>
<tr><td colspan="2">대학</td><td></td><td>상・중・하</td><td></td></tr>
<tr><td rowspan="5">공인 자격
(면허)
현황</td><td colspan="2">자격증명</td><td>등 급</td><td>취득일자</td><td>시행기관</td></tr>
<tr><td colspan="2"></td><td></td><td></td><td></td></tr>
<tr><td colspan="2"></td><td></td><td></td><td></td></tr>
<tr><td colspan="2"></td><td></td><td></td><td></td></tr>
<tr><td colspan="2"></td><td></td><td></td><td></td></tr>
<tr><td rowspan="4">기타 능력
(외국어, 특기)</td><td colspan="2">능력인정
시험명</td><td>급수(점수)</td><td>응시일</td><td>시행기관</td></tr>
<tr><td colspan="2"></td><td></td><td></td><td></td></tr>
<tr><td colspan="2"></td><td></td><td></td><td></td></tr>
<tr><td colspan="2"></td><td></td><td></td><td></td></tr>
<tr><td rowspan="4">경진대회
참가 경력</td><td colspan="2">경진대회명</td><td>등급(등수)</td><td>개최일</td><td>시행기관</td></tr>
<tr><td colspan="2"></td><td></td><td></td><td></td></tr>
<tr><td colspan="2"></td><td></td><td></td><td></td></tr>
<tr><td colspan="2"></td><td></td><td></td><td></td></tr>
</table>

MEMO

표 6.4 포트폴리오 양식(뒷면)

<table>
<tr><td rowspan="7">수강
및
학점 취득
현황</td><td colspan="2">1학년</td><td colspan="2">2학년</td></tr>
<tr><td>1학기</td><td>2학기</td><td>1학기</td><td>2학기</td></tr>
<tr><td></td><td></td><td></td><td></td></tr>
<tr><td></td><td></td><td></td><td></td></tr>
<tr><td></td><td></td><td></td><td></td></tr>
<tr><td></td><td></td><td></td><td></td></tr>
<tr><td></td><td></td><td></td><td></td></tr>
<tr><td rowspan="6">외부 교육과정
이수현황</td><td colspan="2">1학년</td><td colspan="2">2학년</td></tr>
<tr><td>1학기</td><td>2학기</td><td>1학기</td><td>2학기</td></tr>
<tr><td></td><td></td><td></td><td></td></tr>
<tr><td></td><td></td><td></td><td></td></tr>
<tr><td></td><td></td><td></td><td></td></tr>
<tr><td></td><td></td><td></td><td></td></tr>
<tr><td rowspan="4">교과외 활동</td><td>동아리 활동
(기간)</td><td>사회봉사활동
(기간)</td><td>견학·수련활
동(기간)</td><td>기타
(기간)</td></tr>
<tr><td></td><td></td><td></td><td></td></tr>
<tr><td></td><td></td><td></td><td></td></tr>
<tr><td></td><td></td><td></td><td></td></tr>
<tr><td rowspan="3">직업세계
경험현황
(아르바이트
등)</td><td>직장명</td><td>근무기간</td><td colspan="2">주요업무</td></tr>
<tr><td></td><td></td><td colspan="2"></td></tr>
<tr><td></td><td></td><td colspan="2"></td></tr>
<tr><td rowspan="4">취업 준비
진척도 체크</td><td>취업분야</td><td></td><td>취업예정시기</td><td>년 월</td></tr>
<tr><td>자격증 준비</td><td colspan="3"></td></tr>
<tr><td>각종 서류
준비</td><td colspan="3"></td></tr>
<tr><td>경력 준비</td><td colspan="3"></td></tr>
</table>

MEMO

활동하기

1. 세 사람씩 조를 짓는다. 두 사람은 이야기하는 사람과 듣는 사람이다. 한 사람은 관찰자이다. 말하는 사람은 최근 일주일 동안 힘들었던 이야기를 5분 정도 이야기한다. 듣는 사람은 경청의 기술을 사용한다. 관찰자는 듣는 사람이 어떤 상황에서 경청 기술을 사용하였는지를 기록한다. 말하는 사람의 이야기가 끝나면 관찰자는 듣는 사람에 대하여 기록한 내용을 이야기 해준다. 그리고 순서를 바꾸어 다시 시작한다.

2. 자신의 중 · 단기 계획을 세우자. 수업 시간을 통해서 노트 혹은 A4 용지에 기록한다. 기록 한 후에 옆 사람에게 자신의 계획을 서로 이야기 한다.

3. 자신의 생애곡선을 노트 혹은 A4용지에 그려보자.

4. 나의 포트폴리오를 가득 채울 계획을 세우고 앞에 나오거나 제자리에 서서 발표하는 시간을 갖는다.

5. 나의 비전 선언문을 작성해보자. 가능하다면 비전 선언문 선포식을 갖는 것도 좋다.

6. 드림빌딩을 해보자. 자신이 진정으로 되고자 하는 것, 갖고자 하는 것의 목록을 적는다. 잡지 또는 인터넷 등에서 사진을 찾아 방이나 수첩 등에 붙여둔다.

제7장

학습동기

1. 학습동기 만들기
2. 나의 학습유형 알기
3. 학습전략 세우기

MEMO

1. 학습동기 만들기

1.1 학습동기

한순미(2004)는 동기를 '행동의 활발성을 증가시키기도 하고 감소시키기도 하며 행동의 방향성을 주는 심리적 구조이며 과정'이라고 정의하였다. 손연아 등(2007)은 '학습동기란 학습 활동을 가치 있는 것으로 보며 학습 활동을 열심히 하려는 경향성으로서, 학습자로 하여금 어떠한 학습목표를 향하여 학습행동을 하게 하는 학습자의 모든 심리상태'를 의미한다고 하였다.

학습동기는 동기의 발생 원인에 따라 내재적 동기와 외재적 동기로 구분할 수 있다. 내재적 동기는 과제나 학습 그 자체에 재미와 흥미를 느끼고 자발적으로 학습하려는 의욕을 갖는 것이다. 외재적 동기는 학습 그 자체가 아닌 학습이 가져오는 결과물에 관심을 갖는 것이다.

1.1.1 학습동기의 평가영역

자신의 학습동기를 이해하기 위해서는 다음의 세 가지 영역에서 자신의 영역을 평가해 볼 수 있다(한순미, 2004 ; 손연아 등, 2007).

(1) 자신이 선택한 활동을 평가한다.
(2) 집중 수준을 평가한다.
(3) 노력의 지속성 정도를 평가한다.

MEMO

1.1.2 학습동기의 자기평가

먼저 자신의 학습동기를 이해할 필요가 있다. 다음의 질문들은 학습자 자신의 동기에 대한 통찰을 가져다주는 내용들이다.

(1) 나는 여러 학습 과제에 대해 얼마나 가치를 부여하는가?
(2) 나의 목표는 무엇인가?
(3) 나의 목표 지향은 숙달목표인가, 수행목표인가?
(4) 나는 여러 학습 과제에서 잘 할 수 있다고 믿는가?
(5) 나의 성공과 실패의 원인은 무엇인가?
(6) 학습상의 도전에 대해 나는 불안을 느끼는가?

1.2 학습동기 유발

1.2.1 학습동기 유발 전략

변영계 · 김태용(2005)은 동기유발 전략이란 학습자의 내적 욕구와 외적 환경을 이용하여 동기를 일으키는 활동이라고 하였다. 내적 동기유발은 흥미, 욕구, 경험, 능력 등과 같이 학습자의 내부에 있는 유인을 이용하여 동기를 촉진하는 것이다. 반면에 외적 동기유발은 상과 벌, 칭찬과 꾸중, 성공감과 실패감, 그리고 학습목표의 확인 등과 같이 인위적인 유인을 통하여 학습의욕을 일으키는 것을 말한다. 동기유발의 전략에는 다음과 같은 것들이 있다.

MEMO

(1) 유인의 적절한 활용
(2) 성취감의 자극
(3) 성공과 실패 체험의 이용
(4) 기초적인 학습기능과 지식의 숙달
(5) 수업 환경의 조성

1.2.2 학습의욕 향상 전략

손연아 등(2007)은 학습의욕을 높이는 전략을 다음과 같이 소개하였다.

(1) 스스로에게 보상을 해주어라.
(2) 그 주에 자신이 해야 할 학습목표를 친구들에게 말하라.
(3) 스터디 그룹을 짜라.
(4) 자신의 동기 유발 요인을 파악해보라.
(5) 졸업한 후의 꿈을 그려보라.
(6) 책상 위에 격려가 되는 말을 적어두라.
(7) 공부하고 있는 과목에 흥미를 가져라.
(8) 규칙적으로 휴식하라.
(9) 학습의욕이 높은 친구들과 사귀라.
(10) 실패로부터 배워라.

1.2.3 학습동기 유발법

학습에서 주의를 떨어뜨리는 요인들을 다루는 것은 동기 조절의 중

MEMO

요한 측면이다. 여기서는 한순미(2004)가 제시하는 몇 가지 동기유발 기법을 소개하였다.

(1) 목표를 설정하라.
(2) 혼잣말을 사용하라.
(3) 성공에 대한 보상이나 실패에 대한 벌을 상상하라.

2. 나의 학습유형 알기

2.1 학습유형의 이해

그레고리 Gregory 와 채프만 Chapman (2002)은 평생학습자가 되기 위해서는 자신의 학습방법에 대하여 지식이 필요하다고 하였다. 학생들이 정보에 접근하여 이를 처리하고 표현하는 방법을 가장 쉽게 조사하는 방법은 학습양식과 다중지능 이론을 고찰하는 것이다. 개별 학습자의 학습양식과 다중지능 그리고 사고양식에 대해 더 많은 정보를 가지면 가질수록, 교사는 학생의 장점을 수업의 출발점으로 활용하여 주의집중을 더 잘 유도할 수 있다.

맥티그 McTighe (1990)는 미국 메릴랜드 주 교육부에서 수행한 수업 전략 연구를 인용하여 다음과 같이 보고하였다. 즉, '직접 수업이나 모델링 그리고 연습을 통해 학생들이 메타 인지 전략을 개발하고 내면화하도록 도와주는 교사들이 학생들의 학습을 촉진시킨다. 왜냐하면 이러한 선략을 효과적으로 활용하는 것이 보통 학습자들 사이의 주요한 차이 중의 한 가지이기 때문이다.' 이에 여기서는 학생들 스

MEMO

스로 자기를 점검하여 학습양식과 사고양식이 무엇인지 알 수 있도록 돕고자 한다. 따라서 자기를 점검한 학습자들은 자신에 맞는 학습 전략을 수립하는 것이 수월해질 것이다.

2.2 학습유형의 종류

던 Dunn 과 던 Dunn (1987)은 그들이 개발한 학습양식 모형에서 학습양식을 다음의 다섯 가지로 분류하고 있다.

2.2.1 청각 학습자

청각 학습자들은 구어와 듣기 자료를 쉽게 받아들이고, 읽기 자료보다는 청각적 질문에 참여하는 것을 좋아한다. 이들은 강의와 이야기, 노래 듣기를 좋아하고, 말의 억양과 어조의 고저장단 등의 다양성을 즐긴다. 토의하기와 다른 학생들과 학습에 대해 이야기하는 기회를 좋아한다.

2.2.2 시각 학습자

시각 학습자들은 직접 보거나 읽는 정보를 통해 가장 잘 학습한다. 이들은 삽화와 사진 그리고 다이어그램을 좋아한다. 시각 학습자들에게는 그래픽조직자가 의미를 시각적으로 구성하는 유용한 도구다. 색깔이 시각 학습자들의 학습에 영향을 준다.

MEMO

2.2.3 촉각 학습자

촉각 학습자들은 조작 가능한 자료와 쓰기, 그리기 등과 같은 구체적인 경험과 관련된 활동을 통해 가장 잘 학습한다.

2.2.4 운동감각 학습자

운동감각 학습자들은 체험과 동작 그리고 일상생활과 관련된 의미 있는 학습 활동에 신체적으로 참여함으로써 가장 잘 학습한다.

2.2.5 촉각/운동 감각 학습자

촉각/운동 감각 학습자들은 학습 과정에 신체적으로 참여하기를 원한다. 역할극과 시뮬레이션을 즐기고, 교실을 이리저리 자유롭게 돌아다닐 수 있는 기회를 좋아한다.

2.3 사고양식의 유형

우리가 세상을 보는 방식(구체적/추상적)과 우리가 세상에 순서를 부여하는 방식(계열적/무선적)에 기초하여 사고 이론을 개발한 그레골크 Gregorc (1982)는 다음과 같이 네 가지 유형의 사고양식을 제안하였다.

MEMO

2.3.1 구체적 무선적 사고자

이 유형의 사고자들은 실험을 좋아하며 확산적 사고자로 알려져 있다. 이들은 직관적 도약을 통해 새로운 것을 창조하기를 좋아한다. 이들은 일을 수행하는 대안적 방식을 찾고자 하는 욕구를 가지고 있다. 따라서 이와 같은 유형의 사고자들에게는 교실에서 자신의 학습에 대한 선택권을 부여하고 자신의 이해를 실증하는 방법을 자유롭게 선택할 수 있는 기회를 제공해 주어야 한다. 이러한 학습자들은 새로운 모형과 실제적인 것을 창안하기를 좋아하며, 이를 통해 새로운 학습과 개념 발달을 촉진할 수 있다.

2.3.2 구체적 계열적 사고자

이 유형의 사고자들은 자신의 감각을 통해 확인된 물리적 세계에 기초하여 사고한다. 이들은 세부 지향적이어서 세부적인 것에 주의를 기울이며 이를 쉽게 재생한다. 학습에서도 구조와 틀, 스케줄 그리고 조직을 필요로 하며, 강의와 교사 주도의 활동을 좋아한다.

2.3.3 추상적 계열적 사고자

이 유형의 사고자들은 이론과 추상적인 사고의 세계를 즐긴다. 이들의 사고 과정은 이성적이고 논리적이며 지적이다. 이들은 자신의 일과 탐구에 전념할 때 가장 행복해한다. 이러한 학습자들은 자신에게 제시된 새로운 아이디어와 개념 및 이론을 충분히 탐구할 수 있는

MEMO

시간을 필요로 한다. 이들은 탐구와 분석을 통해 새로운 정보를 입증하는 것을 좋아한다. 그래서 학습은 그들에게 실제적인 의미를 지닌다.

2.3.4 추상적 무선적 사고자

이 유형의 사고자들은 자기 반성을 통해 정보를 조직하며, 대인 지향적이고 유연한 상황에서 활동하는 것을 좋아한다. 이들은 감정과 정서의 세계에 살며, 정보를 개별화할 수 있을 때 가장 잘 학습한다. 이러한 학습자들은 또한 자신이 학습한 것을 다른 사람과 토의하거나 상호 작용하는 것을 좋아한다. 협동 학습, 센터나 부서활동 그리고 파트너와의 공동 작업을 통해 이해를 촉진할 수 있다.

2.4 경험학습에 따른 학습유형

이외에도 콜브 Kolb (1984)는 경험 학습에 기초하여 학습양식을 개발하였는데 이에 따르면 네 가지 유형이 있다.

2.4.1 조정형

이들은 새로운 것을 시도하는 것을 좋아하고 자신의 아이디어와 다른 사람들의 아이디어를 융합하기를 좋아한다. 창조적인 것을 좋아하며 위험이 수반되는 과제에 유연성 있게 대처하고 자신만의 방식으로 일을 수행하기를 원한다.

MEMO

2.4.2 수렴형

이들은 당면한 상황이나 문제와 관련된 것이나 유용한 것에만 관심을 두는 경향이 있다. 필수적인 정보를 선별하거나 조직하는 데 능숙하다. 명료한 목적과 구체적인 스케줄을 좋아한다.

2.4.3 동화형

이들은 주제에 대해 가능한 한 많이 조사하고 읽고, 탐구하고 학습하기를 원한다. 인내와 끈기를 가지고 정보를 깊이 있게 탐구하며, 추상적 내용을 즐긴다. 과거 경험이나 전문가로부터 배운 것을 잘 믿는 경향이 있다.

2.4.4 확산형

이들은 편안하고 긍정적, 우호적 환경을 선호한다. 다른 사람들과 대화와 토론을 통한 학습을 좋아한다. 대안을 탐구하고 찾기를 원하며, 이타적인 학습을 추구하는 경향이 있다.

2.5 학습양식 검사

그레고리와 채프만(2002)은 학습자들과 그들의 요구에 관한 더 많은 자료를 수집하기 위하여 다음과 같은 학습양식 검사를 제시하였다. 이 검사는 학습 프로그램에 참가한 학습자들에게 검사를 실시하여 스스로의 학습양식을 파악하는데 도움을 줄 수 있다.

MEMO

1. 음악을 들으면서 공부하는 것을 좋아하는가, 아니면 조용한 곳에서 공부하기를 좋아하는가?

   ① 조용한 곳 ② 음악을 들으면서

2. 어떤 곳에서 과제를 수행하는 것을 좋아하는가?

   ① 교실 ② 책상(가정)
   ③ 마루 ④ 테이블
   ⑤ 컴퓨터

3. 어떤 일을 완수하지 못했다면 그것은 무엇 때문인가?

   ① 잊어버려서 ② 싫증이 나서
   ③ 집중이 되지 않아서 ④ 도움이 필요해서

4. 교실의 어떤 자리에 앉고 싶은가?

   ① 문 옆 ② 앞자리
   ③ 벽 옆 ④ 창가
   ⑤ 뒷자리에

5. 짝과 함께 활동하기를 좋아하는가? 왜 좋아하거나 좋아하지 않는가?

6. 주의집중은 언제 더 잘 되는가?

   ① 오전 ② 오후
   ③ 저녁

MEMO

7. 어떤 시간이 가장 즐거우며 왜 그런가?

8. 자신의 공부 방법을 기술하라. 언제, 어디서, 어떻게?

9. 2주 안에 끝내야 할 과제가 있다면 그 과제를 어떻게 완수할 계획인가?

10. 무언가 새로운 것이 있다면 어떻게 하겠는가?

① 그것을 설명하고 싶다.
② 그것에 관해 읽고 싶다.
③ 비디오나 시범을 보고 싶다.
④ 한 번 시도해 보고 싶다.

2.6 강점 지능의 확인

가드너의 다중지능이론은 우리에게 학생들을 관찰하여 학생들이 정보를 어떻게 학습하고 처리하는지를 이해할 수 있도록 또 다른 틀을 제공해 주고 있다. 다음은 그레고리와 채프만(2002)이 제시한 체크 리스트이다. 이를 통해 개인적 자각과 장점을 지닌 영역에 대한 이해를 촉진시켜 자기 인식과 자신감을 증진시키고, 성장을 위해 초점을 두어야 할 영역들을 확인하게 해주게 된다. 학생들은 자신이 가장 좋아하는 문항에 체크한 다음, 막대그래프로 옮겨 각자의 프로파일을 만들게 한다. 이렇게 함으로써 학생들은 자신의 장점 영역이 적어도 3~4개에 이르며, 학생들의 다양성이 장점으로 작용한다는 사실을 강화하여 준다.

MEMO

2.6.1 언어적/언어학적 지능

(1) 나는 다른 사람에게 농담을 하거나 이야기 하는 것을 좋아한다.
(2) 나에게는 책이 매우 중요하다.
(3) 나는 독서를 좋아한다.
(4) 나는 TV를 보거나 라디오, 테이프 또는 CD를 즐겨 듣는다.
(5) 나는 글을 쉽게 쓰고, 글쓰기를 즐긴다.
(6) 내가 읽은 것을 잘 인용한다.
(7) 나는 단어 게임이나 낱말 맞히기를 좋아한다.

2.6.2 논리적/수학적 지능

(1) 나는 수학 문제를 쉽게 잘 푼다.
(2) 나는 수학과 컴퓨터 활용을 즐긴다.
(3) 나는 전략적인 게임을 좋아한다.
(4) 나는 사물이 어떻게 작용하는지 궁금해 한다.
(5) 나는 논리를 활용해서 문제를 해결하는 것을 좋아한다.
(6) 나는 사물을 논리적으로 생각한다.

2.6.3 시각적/공간적 지능

(1) 나는 눈을 감고도 실상을 명료하게 연상할 수 있다.
(2) 나는 그림에 관심이 많다.
(3) 나는 색깔과 흥미 있는 디자인을 좋아한다.

MEMO

(4) 나는 낯선 곳에서도 길을 잘 찾는다.
(5) 나는 그림 그리기와 낙서를 좋아한다.
(6) 나는 그림과 지도, 차트가 들어 있는 책을 좋아한다.
(7) 나는 비디오와 영화, 사진을 좋아한다.

2.6.4 음악적/리듬적 지능

(1) 나는 음악 듣기를 좋아한다.
(2) 나는 음악과 소리에 민감하다.
(3) 나는 멜로디를 잘 기억할 수 있다.
(4) 나는 음악을 들으며 공부한다.
(5) 나는 노래를 즐겨 부른다.
(6) 나는 음악에 시간을 투자한다.
(7) 나는 리듬 감각이 좋다.

2.6.5 신체적/운동 감각 지능

(1) 나는 너무 오래 앉아 있으면 불편하다.
(2) 나는 대화할 때 신체 접촉을 좋아한다.
(3) 나는 이야기할 때 손을 자주 사용한다.
(4) 나는 사물을 더 이해하기 위해 만져본다.
(5) 나는 나 자신이 신체적으로 균형이 잘 잡혀 있다고 생각한다.
(6) 나는 관찰보다는 체험을 통해 잘 학습한다.

2.6.6 대인관계 지능

MEMO

(1) 다른 사람들이 나에게 조언을 구한다.
(2) 나는 팀으로 하는 스포츠를 좋아한다.
(3) 나에게는 친한 친구가 많다.
(4) 나는 집단 속에서 활동하는 것을 좋아한다.
(5) 나는 많은 사람들 속에서도 편안하다.
(6) 나는 다른 사람들과 감정을 잘 교류한다.
(7) 나는 다른 사람들의 감정을 잘 파악할 수 있다.

2.6.7 자기이해 지능

(1) 나는 나 자신의 감정과 장・단점을 알고 있다.
(2) 나는 나 자신에 대해 더 많이 알고 싶다.
(3) 나는 나 혼자 취미를 즐긴다.
(4) 나는 가끔씩 혼자 있는 시간을 즐긴다.
(5) 나는 나 자신에 대해 자신감을 지니고 있다.
(6) 나는 혼자서 활동하고 싶다.
(7) 나는 다음에 할 일과 계획에 대해 생각한다.

2.6.8 자연친화적 지능

(1) 나는 자연 속에서 시간을 보내는 것을 좋아한다.
(2) 나는 사물을 유목으로 분류하는 것을 좋아한다.

MEMO

(3) 나는 동물과 새 소리를 잘 들을 수 있다.
(4) 나는 식물이나 꽃, 나무를 볼 때 자세히 관찰한다.
(5) 나는 밖에 있을 때 가장 행복하다.
(6) 나는 동식물 기르기를 좋아한다.
(7) 나는 나무나 식물, 새 그리고 동물들의 이름을 잘 안다.

3. 학습전략 세우기

맥카시 McCarthy (1990)는 네 가지 학습양식과 이들 각각에 가장 적합한 수업전략 유형을 제시하고 있다.

3.1 유형별 학습 전략

3.1.1 상상력이 풍부한 학습자

이러한 유형의 학습자는 의미를 추구한다. 이 유형은 감정과 반성을 통한 학습을 선호하며 혁신적이고 상상력이 풍부하다. 따라서 교사는 학습에 대한 이유를 설명해 주고, 학습이 실제 생활과 관련이 있다는 근거를 제시해 주어야 한다. 교실에서 긍정적 관계를 형성하고 학생들에게 우호적이고 허용적인 교사의 역할을 수행하는 것이 중요하다.

MEMO

3.1.2 분석적 학습자

이러한 유형의 학습자는 사실을 추구한다. 이 유형은 관찰과 사고를 통한 학습을 선호하며 개념과 모형을 창출하고자 한다. 이들은 정보와 교사의 강의를 의미 있게 받아들인다.

3.1.3 상식적 학습자

이러한 유형의 학습자는 유용성과 실제적 적용력을 추구하며, 사고와 시행을 통한 학습을 선호한다. 이러한 학습자는 실험과 문제 해결과 같은 학습 과정을 좋아한다.

3.1.4 역동적 학습자

이러한 유형의 학습자는 시행착오를 통한 학습을 추구하며, 시행과 감각을 통한 학습을 선호한다. 자신과 다른 사람들을 가르치기를 좋아하며, 교사를 자원 인사로 활용하기를 원한다. 위험을 두려워하지 않으며, 짜인 일정과 조직적인 과제를 싫어하고, 자기 발견을 선호한다.

MEMO

역동적 학습자 | 상상력이 풍부한 학습자

학습자 중심 ← → 교사 주도

시행착오 활용	의미 찾기
시행착오를 자연스럽게 수용 • 시행과 감각을 통한 학습을 선호한다. • 좋아하는 질문 : 이것은 무엇이 될 수 있을까? • 교사는 학생들이 자기 자신과 다른 사람을 가르치게 해 주어야 한다. 교사는 학습 자원이자 평가자다.	혁신적이고 상상력이 풍부 • 감각과 관찰을 통한 학습을 선호한다. • 좋아하는 질문 : 왜? • 교사는 이유를 밝혀 주어야 한다. 교사는 동기유발자다.
유용성 찾기 실제적 적용 • 사고와 시행을 통한 학습을 선호한다. • 좋아하는 질문 : 이것은 어떻게 작동하는가? • 교사는 실험을 고무해 주어야 한다. 교사는 촉진자이고 코치이다.	**사실찾기** 개념과 모델 창조 • 관찰과 사고를 통한 학습을 선호한다. • 좋아하는 질문 : 무엇을? • 교사는 사실을 제공해 주어야 한다. 교사는 정보제공자이다.

상식적 학습자 | 분석적 학습자

그림 7.1 맥카시의 4면 모형(출처 : McCarthy, 1990)

3.2 유형별 학습모형

MEMO

학습자들은 일정 시간 이들 네 가지 영역 모두에 걸쳐 학습을 하긴 하지만, 우리들 대부분은 네 가지 중 한 가지 양식을 선호하는 경향이 있다. 교사를 위한 전략은 일단 네 영역의 경험을 제공하여 모든 학습자를 수용한 다음, 각자의 학습양식의 범위를 확장시켜 주는 것이다. 이 모형은 각각 수업계획과 수업전략을 안내해 주는 네 개의 분면으로 나누어진 원으로 구성되어 있으며, <그림 7.1>로 변환하여 제시하였다.

MEMO

활동하기

1. 이제 목표를 세운 여러분은 학습의욕이 전에 비해 어느 정도 생겼는가? 그 이유는 무엇이라고 생각하는가?

2. 교재에서 소개하는 학습동기를 높이는 방법은 여러분에게 유익하다고 생각하는가? 아니면 자신에게 맞는 좋은 방법이 있는가? 어떤 때에 공부를 하여야겠다는 의지가 생기는가?

3. 나의 학습유형과 사고양식 그리고 학습양식은 어떤 유형이라고 생각하는가? 학습유형에 맞는 학습전략을 세운다면 어떻게 하는 것이 좋을까?

4. 나의 강점 지능은 무엇인가? 남들보다 뛰어난 지능은 무엇인가? 그것을 활용하여 공부에 임한다면 어떤 결과를 얻을 수 있을까?

제8장

학습기술

1. 기억
2. 메모하고 정리하기
3. 읽기와 쓰기
4. 외국어 공부하기
5. 시험공부 하기

MEMO

1. 기억

초기 기억에 관한 연구는 행동주의적 입장인 연합주의의 영향을 받았다. 즉, 기억은 자극과 반응의 연합이라는 개념체계를 받아들여 20세기에 들어 1950년대까지 많은 연구가 행하여 졌다. 그 후 연합주의 이론으로 설명하기 어려운 사실들, 특히 언어와 같은 복잡한 현상은 설명할 수 없다는 것이 언어학자들에 의해 밝혀졌다. 이후 새로운 방법이 대두되었는데 그것이 인지심리학적 접근이다. 인지심리학자들은 컴퓨터를 인지를 개념화하는 도구로 사용하였다. 인간을 컴퓨터와 유사한 정보처리 체계로 보기 때문에 이러한 접근을 정보처리적 접근이라고도 한다.

정보처리적 접근에 의하면 기억은 3단계를 거친다고 한다. 첫 단계는 부호화 과정이고, 두 번째 단계는 저장, 마지막으로 인출이라는 과정을 거친다. 부호화 과정은 처음 얻은 정보를 부호로 변환하는 단계이다. 그 다음에는 부호를 저장하게 되는데 이를 저장 단계라고 한다. 그 다음에는 기억을 다시 살리거나 꺼내어야 하는데 이를 인출단계라고 한다. 이상의 3가지 단계 중에서 어느 한 가지라도 실패하면 기억을 꺼낼 수가 없게 되는데 이를 망각이라고 한다.

1.1 기억하기

기억하기란 단순한 기억술을 의미하는데 학습에 있어서 중요한 기술의 하나이다. 기억술은 기억의 단계 중 암송 또는 시연에 해당한다.

MEMO

암송 또는 시연(rehearsal)이란 작동 기억의 정보처리를 말하는 것으로 우리가 정보를 조직, 분석, 이해하고 기억하게 해 준다. 암송 혹은 시연은 세분하면 기계적 암기와 정교화 시연으로 나눌 수 있다. 기계적 암기는 유지 암송이라고 하며, 어떤 정보를 잠시 동안만 기억하고 나서 잊어버려도 될 때 효과적인 방법이다. 기계적 시연에는 연습, 암송, 반복 연습이 있다. 기계적 암기는 단순한 정보를 수동적으로 자기 자신에게 조용히 소리 내어 반복해서 말하는 것이다. 정교화 시연은 새로 들어온 정보를 기존의 지식과 연결시켜 조직하고 의미를 부여하는 능동적인 과정이다. 정교화 시연은 정보를 오랫동안 저장해야 할 때 사용한다. 정교화 시연에는 기억술, 그래픽 조직자, 역할놀이, 시뮬레이션, 시, 랩, 센터와 프로젝트, 다중지능 활용, 문제, 탐구, 공연, 전시회 등이 있다.

1.2 기억술

따라서 여기서 말하는 기억하기는 정교화 시연에 속하는 기억술을 위주로 설명하겠다. 한순미(2004)는 기억술과 그 활용 방법을 제시하였는데 요약하면 다음과 같다.

1.2.1 연상의 단어를 만들라.

원래의 학습 상황이 기억에 중요한 단서가 되므로 학습 상황을 독특하고 특이하게 만들수록 학습한 내용을 더 잘 기억할 수 있다고 한

MEMO

다. 학습할 때의 상황을 자료와 연합시켜 강한 연상의 고리를 만들게 되면 자료에 대한 기억이 더 잘 될 것이다.

1.2.2 자료를 조직하라.

자료를 조직화하는 것은 매우 효과적인 기억술의 하나이다. 회상해야 할 과제에서 일반적인 규칙이나 원리, 패턴을 찾는 것인데, 이러한 규칙이나 원리를 찾게 되면 기억력은 용이해지고 더 오래 기억할 수 있게 된다.

1.2.3 심상을 활용하라.

심상이란 감각 자극이 실제로 제시되어 일어나는 것이 아니라 정신적으로 감각적인 경험을 하는 것이라고 할 수 있다. 심상이 기억에서 중요한 역할을 하는 것은 그것이 아이디어들 간의 연합강도를 높여주기 때문이다. 심상은 가능한 한 생생하고 상호적일 때 가장 효과적이다.

1.2.4 장소법을 활용하라.

이는 오래 전부터 많이 활용한 회상방법이다. 목록에 있는 각 항목을 특별한 장소나 위치와 연합시켜 기억하는 방법이다.

1.2.5 시를 외울 때 상향식 학습을 하라.

MEMO

시나 산문을 공부할 때 사용하는 방법이다. 예를 들면, 시를 암송할 때 먼저 시를 전체 읽고 나서 마지막 줄을 학습한다. 그리고 다시 전체를 읽고 마지막 줄의 바로 앞줄을 학습한다. 이와 같은 방식으로 해나가면 시의 전반부는 반복적으로 학습하는 효과가 있고 후반부는 집중하였기 때문에 시 암송에 부가적인 효과가 있게 된다.

1.2.6 그림 정보를 학습할 때에는 지그소우 퍼즐처럼 하라.

그림정보를 학습하는 한 가지 방법은 지그소우 퍼즐을 푸는 방법과 유사하다. 지도, 슬라이드, 그림 배우기를 할 때 자료를 4분면으로 나누도록 한다. 그런 다음 그림을 절반으로 나누되 처음에는 수직선으로 다음에는 수평선으로 나누어 시각화한다. 그런 다음 자료를 4개로 균등 분할하여 4분에 번호를 붙인다. 그리고 자료의 4분의 1 중에서 주의를 끄는 특징을 찾아 기억한다.

1.2.7 표준 기억 매트릭스를 활용하라.

새로운 정보를 이미 알고 있는 정보와 결합시킴으로써 학습하는 것을 말한다. 표준 기억 매트릭스는 이러한 학습 유형에 이용하는 것이다. 매트릭스는 가, 나, 다 순으로 각각을 하나의 항목으로 해서 14개의 명사들을 포함한다.

MEMO

표 8.1 기억 매트릭스

가면	나사	다람쥐	라디오	마늘	바지	사자
아지랑이	자라	차량	카메라	타조	파도	하늘

1.2.8 핵심 단어법을 사용하라.

핵심 단어법은 원래 외국어의 어휘 학습을 촉진하기 위해 고안된 것이다. 이것은 구체적인 단어와 추상적인 단어를 연결짓고 구체적 단어에 대한 심상을 형성하는 방법이다.

2. 메모하고 정리하기

데번포트 Davenport (2001)가 소개한 통계에는 이런 재미있는 이야기가 있다. 평균적인 비즈니스맨의 경우 하루에 190개의 정보를 입수하고, 물건을 찾는 데만도 1년에 150시간을 소비한다고 한다. 즉, 1달 평균 노동시간인 160시간에 해당하는 시간을 물건을 찾는데 시간을 허비하는 셈이 된다.

저자 또한 많은 정보를 입수하고 정리하고 있지만 많은 시간을 모아둔 정보를 찾는데 허비하고 있음을 고백한다. 가르치고 연구하는 일에 있어서도 그러한데 하물며 공부하는 학생에게도 정리기술은 더욱 중요한 기술이 아닐 수 없다.

2.1 정리기술

MEMO

여기서는 데번포트가 소개하는 6단계의 정리기술을 익히는 방법을 소개한다.

2.1.1 책상을 조종석으로 삼아라.

책상에 앉아 작업할 때는 어떤 일이든 앉은 상태로 일 전체를 끝낼 수 있도록 사무용품과 도구가 책상 주변에 모두 갖춰져 있어야 한다. 즉, 학생이 공부할 때에는 공부할 상태를 갖추어 놓고 시작하라는 뜻이다. 주변이 엉망인 상태에서도 집중이 잘 된다고 말하는 사람도 있기는 하지만, 제대로 학습할 상태를 만들어 놓지 않으면 공부하는 도중에 필요한 책이나 문방구를 찾아 움직이게 하는 빌미를 자기 스스로에게 만드는 셈이 된다.

2.2.2 일상의 레이더를 가져라.

레이더는 당신의 하루를 감시해 주는 단 하나의 스케줄 관리 시스템을 의미하며 다음의 세 부분으로 나뉜다.

(1) 오늘의 업무
(2) 스케줄
(3) 그 날의 중요한 메모

매번 많은 수의 일정을 확인하는 것은 불가능에 가깝다. 아무리 잘

MEMO

확인하는 스타일이라 할지라도 빠뜨릴 경우가 생기기 마련이다. 그래서 하나의 정보 스크린을 만드는 것을 이용하는 것을 권하고 있다. 학습의 경우에도 이와 같은 방법을 적용한다면 학습의 진행 현황을 일목요연하게 정리하여 일정 관리를 성공적으로 할 수 있다.

레이더 월 일(요일)		
오늘의 메모	오늘의 할일	타임 스케줄
	우선순위와 할 일을 적는다.	시간별로 일정을 적는다.

그림 8.1 레이더 양식

2.2.3 서류 대피소를 만들어라.

보류 서류를 넣어 둘 '보류파일'은 쓰레기더미를 없애기 위한 '대피소'로서, '레이더'와 제휴하여 기능한다. 보관할 필요가 있는 서류라도 일부러 독립된 파일을 만들 정도가 아니면 레이더의 해당 날짜에 해야 할 일을 써 넣은 후, 서류 자체는 보류 파일에 넣는다.

사무실에서 가장 많이 사용하는 파일은 어쩌면 '보류'라는 라벨을 붙인 파일이다. 현재 아주 중요하지는 않지만 보관은 해야 할 일을

MEMO

위한 것이 대피소를 이용하는 것이다. 단, 이때는 앞 단계의 레이더 일정에 먼저 적어 두는 것이 필요하다. 학습에 있어서 보류를 많이 만든다는 것은 좋지 않다. 왜냐하면 학습량을 미루어 놓는 일이 되기 때문이다. 지금 급한 일 때문에 보류해 두어야 할 내용이 있다면 대피소를 이용하는 것은 유익할 것이다.

2.2.4 지금 결정하라.

서류를 손에 쥘 때마다 "어떻게 하지. 곤란하네"라고 말하며, 또 그 자리에 내려놓기를 반복하고 있지 않는가? 그렇다. 당신 주변의 불필요한 서류더미는 단지 당신이 판단을 보류하고 있기 때문에 그렇게 된 것이다.

학습이나 업무를 수행함에 있어서도 마찬가지이다. 그렇기 때문에 학습자 스스로 결정하지 못하여 시간을 빼앗긴다면 결국 스스로 계획한 목표를 달성하지 못하는 셈이 된다. 이와 같은 일을 반복한다면 주변에는 불필요한 정보가 쌓이게 되고, 매번 정보를 놓고 시간을 소비하게 될 것이다. 지금 결정하기 위하여 필요한 몇 가지 기술이 있다.

(1) 해야 할 일은 반드시 적어둔다.
(2) 기록으로서 레이더를 활용하자.
(3) '나중'이라는 시간은 존재하시 않는다.
(4) 한 가지 문서는 오직 2번만 볼 수 있다.
(5) 문서를 둘 곳이 없다면 그 이유를 생각하라.

MEMO

2.2.5 늘 우선순위를 파악하라.

통계에 의하면 매일매일 일을 중단시키는 사항 중 정말로 대응할 가치가 있는 것은 불과 15%밖에 안 된다고 한다. 나머지 8%는 자신의 시간을 허비하고 있다. 그뿐 아니라 자신이 꼭 해야 하는 소중한 것을 뒷전으로 밀어버린다.

여러 훌륭한 성공학 관련 서적에는 일의 우선순위를 정하는 중요성에 대하여 언급하고 있다. 학습하는 경우도 예외가 아니어서 학습의 우선순위를 결정하는 것이 중요하다. 그러나 우선순위를 정하는 데 있어서 사람들의 습관에 따라 달라질 수 있다. 여기서는 ABC방식을 소개한다.

(1) A : 생사가 걸린 중대한 사항

오늘 하지 않으면 기회를 잃어 되돌릴 수 없는 사태가 발생하는 일

(2) B : 중요한 사항

오늘 중으로 끝내는 것이 중요하지만, 생사를 걸 정도로 긴장할 필요는 없는 일

(3) C : 하면 좋은 일

오늘 중에 처리할 수 있으면 좋지만, 못해도 어쩔 수 없는 일

2.2.6 습관화하라.

MEMO

들어오는 정보를 그때그때 정리하여 체계화하는 습관을 들이자. 먼저, 하루의 계획을 체크한다. 모든 준비를 갖춘 뒤에 냉정하게 자신의 생각대로 하루 일을 실행해가자. 하루가 끝날 때에는 꼭 그 날의 일과를 마무리한다. 레이더 스크린을 검토하여 끝낸 일을 체크해 지워나가면서, 아직 못 끝낸 일은 계획을 새로 세운 다음 하루 일과를 끝내는 것이다.

벤자민 프랭클린의 경우 자신이 정한 13개의 덕목을 지키기 위해서 습관화 하였다고 회상하고 있다. 프랭클린은 다음 표를 수첩에 만들어 1주일 단위로 한 덕목씩 실천하였다. 학습에서도 마찬가지여서 매일의 일과를 계획하고 실행하고 정리하는 일을 습관화하는 것이 중요하다.

3. 읽기와 쓰기

3.1 읽기

머서 Mercer (1991)는 읽기의 정의를 단어 재인과 이해라는 두 가시 기능석 활동이라고 하였다. 단어재인은 문자에 대한 해독을 의미하는 것을 말하고, 단어 재인에는 형태, 음소, 음절, 문맥 분석, 일견 읽기 등이 있다. 이해는 읽기 활동을 통해 내용을 이해하는 것으로 문자 그대로의 이해, 추론적 이해, 평가적 이해, 감상적 이해로 구분

MEMO

된다.

표 8.2 프랭클린의 13 덕목표

절 제							
배부르도록 먹지 마라 취하도록 마시지 마라							
	일	월	화	수	목	금	토
절제							
침묵							
규율							
결단							
검약							
근면							
성실							
진실							
정의							
중용							
청결							
침착							
순결							
겸손함							

3.1.1 읽기능력의 발달단계

MEMO

최정원・이영호(2006)는 읽기 능력의 발달을 다음의 다섯 단계로 구분하였다. 이는 아동들의 발달단계를 설명하고 있지만, 읽기능력을 향상시키기 위해 단계를 이해하는 것이 필요하다.

(1) 경험학습의 단계

이 단계에 있는 아동들은 사회적 맥락에서 구어를 사용함으로써 의사소통을 학습한다. 읽기를 위해서는 문어의 의사소통에서 구어적 의미를 찾고 연관시켜야 한다. 따라서 아동은 이야기 속에서 단어의 의미를 경험과 관련하여 연상하기 시작하고 일련의 단어군을 재인하게 된다.

(2) 의미에 집중하는 단계

이 단계에 있는 아동들은 단어와 이야기에 관한 텍스트 중심의 정보에 초점을 맞추게 된다. 따라서 보다 긴 내용을 읽을 수 있게 되며, 이미에 초점을 맞추어 해독할 수 있다.

(3) 어휘 범위의 확대와 연합이 시도되는 단계

이 단계에 있는 아동들은 문장의 형식에 보다 초점을 맞추어야 하며, 내용을 이미 알고 있는 지식 및 의미와 연계시켜야 한다. 단어 유창성, 문장 및 아이디어의 의미에 대한 사고 능력이 증대된다.

MEMO

(4) 지식, 교육 및 경험 등의 자원이 확대되는 단계

이 단계에 있는 아동들은 보다 어려운 과제를 읽을 때 텍스트에서 제공하는 정보만으로는 충분하지 않은 경우가 있음을 깨닫게 된다. 복잡하고 난해한 읽기 자료는 학습자에게 보다 많은 교육, 지식, 경험 및 아이디어를 발달시킬 것을 요구하는데, 이에 적절한 준비 태세를 갖춘다.

(5) 자원의 조직화, 전략의 개발 및 학습이 이루어지는 단계

이 단계에 있는 아동들은 다양한 자원에서 끌어낸 정보를 핵심적인 관점이나 일련의 주요 내용과 관련시키기 시작한다. 즉, 정보를 체계적으로 조직화할 것이 필요로 되는데, 이에 부응할 수 있는 읽기 방법을 개발하거나 학습한다.

3.1.2 읽기기술의 5단계

대부분의 학습은 학습할 내용이나 정보들을 그림이나 글의 형태로 인쇄된 자료를 읽음으로써 진행된다. 글을 읽는다는 것은 글을 이해하는 과정으로서 고도의 인지적 과정으로 정의된다.

변영계・박한숙(2004)은 초등학교 고학년을 대상으로 학생들이 습득할 수 있도록 구조화하여 읽기 프로그램을 제시하였다. 초등학생에게 적합한 읽기기술 5단계를 소개하면 다음과 같다.

(1) 훑어보기

글 읽기의 1단계는 훑어보기이다. 일단 전체적으로 대강 훑어보는

MEMO

것으로서 이 때 제목이나 표 그림 등을 주의해서 볼 수 있다. 전체적으로 글의 내용을 대충 이해하는 단계로 무엇에 관한 내용인지 추측해 보는 것이 이 단계의 과제이다.

(2) 차근차근 읽기

문단별로 차근차근 읽기이다. 전체적으로 대강 훑어본 것을 문단별로 끊어서 꼼꼼히 읽어보는 것인데, 이때 중요하다고 생각되는 단어나 구, 문장 등에 줄을 그어보는 작업이 함께 이루어진다.

(3) 중심내용 적기

문단별로 중심내용(중심생각 혹은 주제)을 찾아 적어보는 단계이다. 중요하다고 생각된 부분을 중심으로 다시 읽어보고 중심내용을 요약하여 기록해 본다. 이때 가능한 간결하고 명료하게 적도록 한다.

(4) 반복적으로 읽기

반복적으로 읽어보는 단계이다. 중심 내용을 추출한 후 다시 읽어봄으로써 중심이 되는 내용에 대해 다시 생각해 볼 수 있도록 하는 것이다.

(5) 기억하여 요약하기

읽었던 내용을 기억하여 요약해서 적어보는 단계이다. 이렇게 함으로써 글의 내용을 이해하였는지 확인해 볼 수 있다.

MEMO

3.1.3 읽기기능의 모형

읽기 기능의 모형은 크게 3개로 분류된다. 읽기과정은 정보처리론적 관점과 구성주의 관점이 있는데, 최근의 추세는 구성주의 관점이라고 할 수 있다.

정보처리론적 관점에서는 상향식 모형이 있으며, 구성주의 관점은 하향식 모형과 상호작용 모형이 있다. 상향식 모형은 읽기 과정을 작은 낱말부터 시작하여 큰 단위의 문장이나 단원으로 확대하여 글의 의미를 파악하는 방식이다. 반면에 하향식 모형은 전체 글의 내용을 알면 각 문장을 이해하는 것이 용이해진다고 보는 것이다. 상호작용 모형은 읽기 과정을 상향식과 하향식 간의 상호 작용으로 보면서 글 자체의 영향과 독자의 영향을 모두 인정하고 있으며 최근의 추세이다.

1970년대 로빈슨이 제안한 방법으로 효과적인 읽기와 기억을 위해 광범위하게 사용되고 있는 학습 전략이 SQ3R이다. 각 단계에 있는 내용을 <표 8.3>에 제시하였다(Carter, Bishop & Kravis, 2000 ; 재인용).

MEMO

표 8.3 SQ3R의 각 단계의 이름과 활동 예

Survey 개관	우선 전체 목차를 보고 책의 주제와 각 장과 절이 어떻게 구성되어 있는지를 훑어본다. 그 후 각 장을 더 작은 단위로 쪼개어 학습 분량을 나눈다.
Question 질문	공부할 내용에 관한 질문을 스스로 해 본다. 예컨대 관성이라는 것이 무엇일까? 관성은 왜 생겨나게 되었을까?
Read 읽기	앞서 생각해 두었던 질문을 염두에 두고 책을 읽으면서 질문에 대한 답을 찾아본다. 이때 강조표시법을 활용하는 것이 좋은데, 이를 위한 활용 지침은 다음과 같다. • 강조표시는 주제나 핵심 내용이라고 생각되는 부분을 펜으로 표시하는 것으로 일단 한 번 읽고 난 후에 한다. • 주요 용어와 개념에 표시한다. • 그림이나 도표에 표시한다. • 지나치게 많은 표시를 하지 않는다. • 노트의 가장자리 여백에 주요 개념, 요점 등을 기록해 둔다. • 표시를 하는 것에 그치지 말고 이를 정리하여 기록해 둔다.
Recite 암송	학습한 내용을 스스로에게 혹은 친구에게 설명해 보기나, 써 가면서 요약 정리해 본다. 기억해서 써 보는 것은 이해 여부를 분명히 알 수 있는 가장 효과적인 방법이다.
Review 복습	읽은 내용에 대해 총정리하면서 복습한다. 감상저거 읽기가 될 수 있도록 읽기의 내용을 기존 지식, 경험 및 의견 등과 관련지어 본다. 복습을 위한 구체적 기법으로는 다음과 같은 것들이 있다. • 강조 표시하고 기록해 둔 것을 다시 읽는다. 관련 내용을 기억해서 설명해 본다. • 제시되어 있는 학습목표, 학습문제 등에 대해 답해 본다. • 자기 스스로 문제를 내고 풀어 본다. • 그래픽 조직화 방법(마인드맵)을 활용하여 핵심내용을 도식화한다. • 기억해야 할 내용과 개념들이 많은 경우에는 학습 카드를 만든다.

MEMO

3.2 쓰기

3.2.1 쓰기 능력

학습 기술에서 쓰기 능력은 읽기와 함께 중요시되고 있다. 학습자들의 학습 결과는 종종 보고서로 작성하게 되는데, 이 결과물은 학업 성취와 연결된다. 쓰기 훈련은 매일 일기를 쓰는 것처럼 꾸준히 시행하는 것이다. 처음에는 비록 서툴지라도 점차 표현력이나 어휘의 향상이 이루어진다.

현재 개발되어 사용되는 쓰기 기술 훈련 프로그램에는 여러 가지가 있으며 학자에 따라 구성요소가 조금씩 다르다. 브라운 Brown (1975)은 제목 선정－관련 자료 수집－자료의 조직－초안 작성－최종보고서 준비를 훈련 요소로 보았다. 변창진 등(1991)은 제목 선정－자료 수집－자료 조직－초안 작성－검토하기－다듬기를 제시하였다.

3.2.2 글쓰기 프로그램

변영계・박한숙(2004)은 초등학교 고학년을 대상으로 한 글쓰기 프로그램을 다음의 여섯 단계로 설명하였다. 그 개요를 보면 다음과 같다.

(1) 기초 실력 다지기

학생들이 글을 쓸 때 겁내지 않고 자연스럽게 접근할 수 있도록 배경 지식을 제공하고 그것을 토대로 자신감을 가지고 생각을 표현할

MEMO

수 있도록 하기 위해 주제와 관련된 단어, 문장, 문단을 구성하는 연습을 통하여 관련 정보를 획득함과 동시에 글쓰기 요령을 터득하기 위해 고안되었다.

(2) 주제 정하기

자신이 쓰고자 하는 글의 종류에 따라 배경 지식이 될 만한 자료를 찾아서 읽고 자신이 나타내고자 하는 중심 생각을 문장으로 표현하는 기술이다.

(3) 소재 정하기

앞에서 정한 주제를 효과적으로 나타낼 수 있는 단어들을 선택하는 기술이다. 일종의 자료 수집 단계라 할 수 있으며, 주제를 표현하기 위해 적절한 단어를 선택하는 것이 학생들에게 무엇보다 필요한 기술이라 하겠다.

(4) 개요 짜기

주제를 잘 드러내기 위해 처음, 중간, 끝에 들어갈 내용을 적절히 조직하고 배열하는 기술이다. 개요 짜기는 글이 불필요하게 중복되는 것을 피하고 논리적으로 글을 써나갈 수 있는 틀을 제공한다.

(5) 표현하기

글의 전체적인 개요를 기초로 해서 앞뒤 문장이 자연스럽게 이어지도록 적절한 접속이와 지시어를 사용하고 다양한 표현 방법을 활용하여 주제가 잘 드러나도록 표현하는 기술이다.

MEMO

(6) 글 다듬기

글의 논리적인 흐름 및 문법적으로 잘못된 부분을 수정하는 것을 포함하여 보기에 좋도록 글을 정서하거나 고쳐서 최종적으로 완성하는 것이다. 다듬기는 글의 외양을 산뜻하게 해주고 상대방에게 좋은 인상을 주며, 점수를 높이는 데도 도움이 된다.

4. 외국어 공부하기

4.1 외국어 공부

대학에서 학생들이 학습하게 되는 외국어는 영어와 일본어에 집중되는 경향이 있다. 외국어는 전공학과에서는 관광계열 이외에는 교육과정에 들어 있지 않은 경우가 많다. 따라서 학생들이 외국어를 학습하는 경우는 별도로 취업시험이나 진학을 위하여 공부하는 경우가 대부분이다. 그렇지만 졸업 후 사회에서는 외국어 작성 능력이나 회화 능력이 중요시 되는 경우가 많다. 최근에는 대기업에서 한자를 입사시험으로 택하는 추세이어서 한자에 대한 관심도 높아지고 있다.

4.2 외국어 학습 전략

오말리 O'Malley 와 채멋 Chamot (1990)은 외국어 학습 전략이란 학습자가 외국어를 학습할 때 새로운 정보나 기술을 이해, 저장 및 기

MEMO

억하기 위하여 의식적으로 자주 사용하는 구체적인 행동이나 기술을 의미하는 것으로, 언어 능력의 발달을 도울 수 있는 넓은 의미의 학습 관련 활동을 모두 포괄하는 개념이라고 하였다.

4.2.1 오말리와 채멋의 학습전략

오말리와 채멋은 외국어 학습 전략을 정보처리 이론에 입각하여 분류하였다. 이에 따르면 학습 전략을 초인지적 전략, 인지적 전략, 사회정서적 전략의 세 범주가 있다. 주요한 세부 내용은 다음과 같다.

(1) 초인지적 전략

- 개념에 대해 미리 살펴보기
- 학습에 도움이 되는 특수한 언어 양상에 집중하기
- 학습에 필요한 언어 기능을 계획하고 실천하기
- 충분히 듣고 말하기

(2) 인지적 전략

- 모델 모방하기
- 번역하기
- 핵심어와 연결하기
- 새로운 개념을 기억 속에 있는 시각적 개념과 연결하기

(3) 사회정서적 전략

- 피드백, 정보 공동 관리 및 언어활동의 모델을 제시하기 위해 동

MEMO

료와 함께 공부하기

- 반복해서 말해주기, 바꿔 말하기, 설명이나 예를 교사에게 요청하기

4.2.2 영어 어휘 습득전략

최정원·이영호(2006)는 특히 영어 공부에서 어휘 습득전략으로써 다음의 5가지를 소개하였다.

(1) 정교화 전략
(2) 사전을 통한 어휘지도
(3) 어원을 통한 어휘지도
(4) 연어 관계를 통한 어휘지도
(5) 구조적 분석 및 파생어 관련 어휘지도

4.2.3 김동일의 외국어 학습전략

김동일(2005)은 외국어 학습전략 훈련을 직접적 전략과 간접적 전략으로 다음과 같이 구분하였다.

(1) 직접적 전략

- 기억연습
- 분류하기와 제목붙이기
- 스스로 단어 묶음을 만들어 보기

MEMO

- 어울리지 않는 단어 찾기
- Yes/No 게임
- 신체반응하기
- 그림 보고 추적하기
- 이야기 그림
- 새로운 단어 익히기
- 생활 속에 영어 찾기
- 영화감상하기
- 듣기 전에 추론하기
- 스무고개 하기

(2) 간접적 전략

- 영어 학습 공책 만들기
- 영어 배우는 목적 뚜렷이 하기
- 영어 연습 기회 만들기
- 편안하게 학습하기
- 칭찬하기
- 자기감정 알아보기

5. 시험공부 하기

시험은 학습자가 아닌 교육자의 입장에서 볼 때 평가의 차원에서 없어서는 안 될 중요한 과정이다. 시험결과는 성적으로 나타나며, 좋

MEMO

업 후 진학이나 취업의 장면에서 중요하게 작용할 것이다. 따라서 학습자들은 시험에 대한 대비를 하여야 하며 시험 대비 기술도 필요하게 된다.

시험전략은 학습 전략의 하위 구성 요소로서, 시험을 체계적으로 준비하고, 효과적으로 치르며, 시험 유형별로 대처하는 기술을 습득하고 활용하는 것을 말한다. 따라서 시험전략은 앞에서 언급한 여러 주제와 연관되어 있으며 특히 자기 관리, 시간관리, 시험 불안 다루기와 밀접한 관련이 있다.

시험전략의 구체적인 내용은 크게 시험 준비 기술과 시험 치르기 기술로 구분할 수 있다. 먼저 시험 준비 기술과 관련된 지침은 다음과 같다.

- 평가가 이루어질 시험의 종류나 형태를 확인한다.
- 시험 치르기 하루 전까지 수업에는 반드시 참여한다.
- 정리 혹은 보충 수업이 이루어질 경우에는 반드시 참여한다.
- 가능하다면 공부 파트너와 스터디 모임을 결성한다.
- 교과서에 나온 내용과 선생님께서 직접 가르치신 수업 내용을 관련지으면서 공부한다.
- 예상 문제를 만들어 보고 답을 생각하고 작성해 본다.
- 공부 시간과 양을 체계적으로 계획한다.
- 공부한 내용을 자신에게 맞는 효과적인 방식으로 조직화한다.
- 한두 번 보는 것으로 그치지 말고 여러 번 되풀이한다.
- 무조건 책을 읽거나 반복할 것이 아니라 시험 유형에 적합한 방식으로 공부한다.

MEMO

시험 치르기 기술은 크게 시험대비 자기 관리 능력을 향상시키는 기술과 효과적으로 시험을 치르는 기술로 구분될 수 있다. 시험 유형별 대처 전략도 필요할 것이다. 시험의 유형에는 선다형 문제, 진위형 문제, 단답형 문제, 괄호 넣기 문제, 논술형 문제 등으로 구분할 수 있다.

한편 시험이 오히려 학습자들에게 스트레스로 작용하여 불안을 가져올 수도 있다. 최정원・이영호(2006)는 시험 불안을 시험이라는 특정 상황에서 나타나는 여러 가지 인지적, 감정적, 생리적 및 행동적 반응이라고 하였다. 사라손 Sarason 과 만들러 Mandler (1952)는 시험 불안은 평가 상황에서 개인이 자신의 수행에 대해 갖는 불안 반응으로서 잠재적인 능력의 표출을 방해하고 과제 수행을 저해하는 심리적, 신체적 증상으로 설명하였다. 아래의 표에는 시험 불안 감소를 위한 프로그램에 활용할 수 있는 주요 기법을 나타낸 것이다.

MEMO

표 8.4 시험불안 감소 기법

기법	내 용
인지적 재구조화	시험불안과 같은 부적응적이고 불편한 감정들이 개인의 불합리적인 믿음에 기초하고 있다고 가정하며, 이를 재구조화함으로써 불안을 경감시키거나 통제할 수 있다고 보는 관점이다. 일반적 절차에는 인지적 재구조화의 원리 이해, 문제의 핵심이 되는 비합리적 사고의 탐색, 문제해결을 위한 대처 행동의 탐색 및 행동적 실천을 통한 대처 행동의 활용 등이 있다.
자기 교시법	비합리적 자기진술을 합리적 자기 진술로 이끌어 가는 방법으로 내적 인지 요인으로서의 언어 지도 과정을 활용한 방법이다. 일반적인 절차는 ① 문제의 정의(내가 해야 할 일은 무엇이지?) ② 주의집중과 반응지도(~에 대하여 ~해야지) ③ 자기강화(나는 아주 잘 하고 있어) ④ 자기평가와 오류 (지금은 잘하지 못해도 앞으로는 더 나아질 거야) 로 구성된다.
이완 훈련	점진적 이완훈련은 모든 종류의 심리적 긴장은 반드시 신체적 긴장 상태를 수반하므로 근육의 긴장을 점진적으로 이완시켜 주면 심리적 긴장 역시 해소된다는 원리에 기초하고 있다.
체계적 둔감법	Wolpe가 발전시킨 이 기법은 근육긴장을 이완시키기 위한 이완훈련단계, 불안 위계목록을 작성하고 순서를 정하는 단계, 불안 유발 장면을 상상하면서 이를 극복하는 방법을 터득하는 단계로 구성된다.
학습 기술 접근	인지행동적 기법과 학술 기술 접근이 결합된 것으로 학습 기술 훈련, 시험 치르기 훈련 및 기타 학습방법들이 통합된 접근 방법이다.

MEMO

활동하기

1. 칠판 또는 플립차트에 제시된 단어를 단기간에 암기하는 연습을 한다. 몇 개의 단어를 기억하는가? 전부 외우기 위한 여러분 각자는 어떠한 암송방법을 사용하는가?

2. 여러분의 목표달성을 위하여 방해가 되는 시간을 노트나 A4용지에 표로 작성한다. 그리고 1일 중 여러분의 목표를 위해 활용하는 시간과 비교한다. 여러분에게 방해가 되었던 시간을 유용하게 사용할 의지가 있는가? 이 결과를 발표해 보자.

3. 평소 전공도서 외에 1달에 몇 권의 책을 읽는가? 책을 읽은 후에 느낌을 말로 표현하거나 마인드맵을 사용하여 정리해 보자. 독후감과 또 다른 느낌을 얻을 수 있을 것이다.

4. 칠판에 제시된 주제로 간단한 글짓기를 해보자. 주어진 시간 내에 작성하는 것이므로 집중하여야 한다. 끝나면 이에 대해 의견을 나누자.

5. 전공과 관련하여 필요한 외국어는 무엇인가? 외국어 습득을 위해 어느 정도 노력하는가? 여러분 자신에게 맞는 외국어는 무엇인가? 어떤 방법으로 공부를 하면 외국어를 잘 할 수 있을까?

6. 대학의 시험에서 주관식이 좋은가 아니면 객관식이 좋은가? 어떤 방식의 시험이 개인의 공부에 도움이 될까? 전공에 따라 자격증 취득을 위해 시험공부를 하는 학생들이 있을 것이다. 어떻게 공부하고 있는지 이야기해 보자. 시험의 스트레스는 어느 정도인가?

제9장

자기관리 기술

1. 시간관리 하기
2. 건강관리 하기
3. 스트레스 대처하기
4. 몰입하기

MEMO

1. 시간관리 하기

1.1 체계적 시간관리 기술

자이베르트 Seiwert (1992)에 의하면 시간관리란 '시간을 가장 효율적인 형태로 사용하고 자신의 인생에 긴장과 이완을 주는 올바른 기술을 일상생활에서 효과적으로 계속 실천하는 것'이다. 시간관리의 원칙은 공적인 면과 사적인 면에서 생활환경에 통제받는 것과는 달리 의도적으로 자신의 인생을 조정하는 것으로 보기 때문에, 시간관리는 학생들의 학습과 밀접한 관련이 있다. 그는 체계적인 시간관리 기술을 다음 <표 9.1>과 같이 제시하였다.

첫째, 목표 설정이란 우리들의 요구, 흥미, 과제 등을 행동으로 옮기는 것을 기도한다거나 그것을 말로 나타낸다거나 하는 것이다. 그리하여 그러한 목표의 실현을 위해서 행동의 방향을 정하는 것이다.

둘째, 시간 계획이란 시간이라는 자원을 효율적으로 활용하기 위해 가장 성과가 큰 것에 시간을 들이거나 또는 최단시간에 목표를 달성한다는 것을 의미하고 있다.

셋째, 의사 결정이란 일의 성질과 범위에 기초하여 우선순위를 정하는 것이라고 말할 수 있다.

넷째, 실행과 조직화란 자신의 행동과 에너지를 방법론에 따라 체계적으로 자기의 목표를 향하여 집중하는 것을 말한다. 하루 일의 내용을 조직하는 것은 자신의 일과 시간에 관한 결정을 타인이 아니라 가능한 한 자신이 하는 것을 의미한다. 일을 조직할 때에는 생리학적

MEMO

표 9.1 체계적 시간관리 기술

기능	실천기술 및 방법	기대되는 결과(시간 소득)
목표설정	• 목표의 발견 • 현상분석 • 전략과 방법 • 목표의 정의	• 동기부여 • 약점의 극복 • 장점의 인식 • 문제지점에 대한 노력의 집중
계획	• 연간계획 • 월간계획 • 주간계획 • 시간관리의 원칙 • 시간계획을 이용한 다섯 가지 시스템	• 행동목표의 설정을 위한 준비 • 가용시간의 적정한 배분 및 활용 • 실행시간의 절약
의사결정	• 우선순위의 법칙 • 파레토의 시간의 원리 (80 : 20의 법칙) • ABC분석 • 아이젠하원의 원리 • 권한위임	• 일의 효율적 관리 • 본질적으로 중요한 일이 이차적으로 중요한 일에 우선한다. • 우선순위(중요도)에 따라 일을 정리한다. • 긴급조건의 압력을 극복한다. • 인재의 효율적인 관리
실행과 조직	• 하루를 짜는 방법 • 생산성 커브 • 바이오리듬 • 자기개발 • 하루의 작업률	• 시간관리의 응용 • 본질적인 일에 집중한다. • 생산성의 피크를 이용한다. • 자기의 주기적인 리듬을 파악한다. • 개인의 작업스타일을 확립한다.
통제	• 일의 흐름과 통제 (기대치와 실적과의 비교) • 결과통제 (목표, V최종, V중간통제) • 하루의 반성(자기통제)	• 계획에 따른 실행을 유의한다. • 적극적인 생활스타일을 갖는다.
정보와 의사소통	• 합리석 녹서 • 합리적 회의 • 합리적 대화(방문객관리) • 합리적 전화 • 합리적 서신 • 점검표 양식	• 녹서속도 배가 • 회의준비 개선 • 면담시간 배정 • 방해요인 차단 • 방해요인 축소 • 서류일의 축소

MEMO

으로 본 자신의 생산성 변동을 고려하고 자신의 생산성의 정점과 바닥점에 따라 일을 할당한다.

다섯째, 통제는 시간관리 사이클의 마지막 단계에 해당한다. 통제는 기대치와 실적치의 비교를 함으로써 시간관리 과정의 개선이 촉진된다. 통제를 하는 것에 의해 자신의 목표가 달성되었는지 어떤지를 알 수 있다. 통제한다는 것은 행동과 과정의 통제와 목표와 결과의 통제 두 가지로 구분할 수 있다.

1.2 프랭클린의 1일 계획표

아침 질문 : 오늘은 무슨 좋은 일을 할 것인가?	5 6 7	일어난다. 세수한다. '전능하시며 좋으신 이'를 외운다. 하루의 계획을 세우고 결의를 다진다. 현재하고 있는 공부를 한다. 아침을 먹는다.
낮	8 9 10 11	일을 한다.
	12 1	책을 읽거나 회계장부를 훑어본다. 점심을 먹는다.
	2 3 4 5	일을 한다.
저녁 질문 : 오늘은 무슨 좋은 일을 했는가?	6 7 8 9	모든 물건을 정리한다. 저녁식사, 음악듣기, 오락, 대화, 하루를 반성한다.

MEMO

밤	10 11 12 1 2 3 4	잔다.

2. 건강관리 하기

학생 자신의 건강관리는 기본적으로 학습을 하기 이전의 문제이다. 동시에 학습을 수행하기 위하여 반드시 필요한 요소이기도 하다. 엄밀히 말하면 건강관리는 자기관리의 하위 영역에 속한다고 볼 수 있다. 최근에는 학습 이외에도 취업과 관련하여 이미지 메이킹을 위하여 체형 관리 및 비만 관리까지 관심이 높아지고 있다.

건강관리는 다른 주제에서 다루는 학습자의 스트레스 대처 방법을 비롯한 정신적인 면으로부터 영양 및 운동에 이르기까지 넓은 범위를 포함한다. 여기서는 한순미(2004)가 제시한 식생활과 운동에 대하여 소개하였다.

2.1 건뇌식

뇌를 건강하게 만들어 주는 식품을 섭취하는 것이 좋다. 뇌가 제 기능을 할 수 있으려면 영양학적으로 세 가지 요소가 충족되어야 한

MEMO

다. 우선 뇌를 구성하는 뇌세포는 단백질과 지방을 재료로 한다. 또 뇌가 활발히 움직이기 위해서는 대량의 에너지원이 필요하게 되는데 이는 단연히 포도당이다. 또한 뇌의 활동이 원활하게 유지되기 위해서는 뇌의 윤활제가 되는 비타민, 미네랄 등의 미량 영양소가 필요하게 된다.

민원식 등(2002)이 소개한 건뇌식의 종류와 영양소는 다음과 같다.

- **레시틴** – 기억력을 향상시킨다 : 콩, 두부, 된장, 청국장, 호두, 잣 등
- **지방** – 뇌에 활력을 준다 : 참깨, 들깨, 정어리, 호두, 콩 등
- **단백질** – 두뇌 회전을 빠르게 한다 : 우유, 두유, 김, 다시마, 미역, 생선, 두부, 콩 등
- **당질** – 뇌의 에너지원이 된다 : 보리, 고구마, 현미, 메밀 등
- **비타민 B** – 사고력을 높이고 두뇌를 지치지 않게 한다 : 효모, 녹황색 채소, 뱀장어, 멸치, 정어리, 콩 등
- **비타민 C** – 스트레스를 완화시킨다 : 토마토, 당근, 귤, 오렌지, 레몬, 딸기, 채소 등
- **칼슘** – 기억을 향상시킨다 : 멸치, 우유, 두유 등
- **산소** – 집중력을 키워준다 : 산소 셀푸드

2.2 식습관

대한총명학회(2003)에서 머리를 맑게 해주는 10가지 식습관을 다음과 같이 제시하고 있다.

MEMO

① 아침은 반드시 챙겨 먹는다.
② 저녁은 늦어도 밤 8시 이전, 잠들기 3시간 전에 먹되 아주 조금만 먹는다. 그리고 밤중에는 될 수 있으면 아무것도 먹지 않는다.
③ 음식을 먹고 나서 바로 자리에 눕거나 격렬한 운동을 하지 않는다.
④ 균형 잡힌 식단으로 오미, 즉 맵고 시고 달고 짜고 쓴맛을 골고루 섭취한다.
⑤ 간식으로 신선한 과일과 야채, 호두와 밤 같은 견과류를 먹는다.
⑥ 단백질을 충분히 공급하기 위해 기름기 적은 육류나 콩, 된장 등을 많이 섭취한다.
⑦ DHA가 많이 함유된 등 푸른 생선을 많이 먹는다.
⑧ 피를 탁하게 하여 뇌세포의 성장을 방해하는 패스트푸드나 기름에 튀긴 음식, 가공식품은 되도록 먹지 않는다.
⑨ 단 음식을 적당히 먹되, 식혜나 엿처럼 자연당으로 된 것을 먹는다.
⑩ 음식을 먹을 때는 되도록 여러 번 꼭꼭 씹어서 소화를 돕고 뇌에 적절한 자극을 준다.

2.3 운동

성공하는 사람들의 7가지 습관으로 유명한 코비 Covey (1989)는 일곱 번째 성공의 습관으로 '심신을 단련하라'고 하였다. 이 습관은 자기 쇄신이며 재충선을 위해서 시간을 할애하는 것이라고 하였다. 이

MEMO

습관은 개인적 생산력을 말하며, 신체적, 정신적, 사회적 · 감정적, 영적의 4가지 차원을 갖는다고 하였다. 그 중 신체적 차원은 우리 몸을 효과적으로 돌보는 활동을 말한다. 즉 영양가 있는 음식의 섭취, 충분한 휴식, 긴장 이완 그리고 규칙적인 운동을 말한다. 운동의 긍정적인 결과는 우리들에게 지구력과 신축성 그리고 힘을 강화시켜 준다. 코비는 운동을 위해 특별한 장비를 마련할 것은 없으며, 하루에 30분 또는 적어도 이틀에 30분하면 된다고 한다.

그럼에도 불구하고 운동부족은 현대인의 가장 중요한 건강 저해 요인으로 지목받고 있다. 운동 부족으로 인한 현대병은 규칙적인 운동과 같은 긍정적이고 적극적인 행동 습관의 변화에 의해서 극복할 수 있다.

황농문(2007)은 몰입에 이르는 다섯 단계에서 최상의 컨디션 유지를 위해서 운동을 권하고 있다. 그가 권하는 운동 방법은 단순하다. 즉, 좋아하는 운동을 규칙적으로 매일 1시간씩 한다. 이 때 주의할 사항은 운동 자체가 목표가 아니라 최상의 컨디션을 유지하기 위한 수단이라는 점이다. 규칙적인 운동을 꾸준히 하면 몸과 마음이 최상의 상태가 되어 하루 종일 한 문제만을 생각할 수 있게 된다.

권은정 · 조승연 역(2003)은 걷기를 소개하면서 걷기가 건강에 좋은 이유를 설명하였다. 걷기를 하면 두 가지 효과를 얻을 수 있다. 첫째는 지방을 연소하고, 둘째는 자주 쓰지 않는 근육을 펴준다. 학생들에게는 무리하지 않고 규칙적으로 할 수 있는 운동의 하나로서 걷기 운동을 권한다.

MEMO

3. 스트레스 대처하기

3.1 스트레스

스트레스에 대하여 많은 연구를 한 셀리에 Selye (1974)는 일반 적응 증후군 모델에서 스트레스에 대한 반응은 스트레스의 다양성에도 불구하고 서로 유사하며, 그에 대한 적응이 장기화되면 질병이 발생한다는 가설을 세웠다. 그리고 스트레스에 대한 일반 적응 증후군은 경고 단계, 저항 단계, 소진 단계의 3단계를 거친다고 하였다.

라자러스 Lazarus (1984)는 스트레스를 유발하는 사건에 대한 해석이 사건 자체보다 더 중요하다고 주장하였다. 사람들은 상황을 평가할 때 세 가지 유형을 평가한다고 보았다. 첫째, 일차적 평가는 어떤 생활 사건이 발생하였을 때 개인이 취하는 최초의 평가로 그것을 긍정적인 것으로 평가한다. 둘째, 이차적 평가로서 사건에 대한 일차적 평가가 이루어진 다음에 스트레스적 평가를 유해한 해로움, 위협, 도전을 자신이 얼마나 통제하거나 대처할 수 있을지를 자신에게 묻게 되는 것을 밀한다. 셋째는 재평가로 자신이 직면한 스드레스와 관련된 새로운 정보를 알게 되면 이루어지는 평가이다.

3.2 스트레스 척도

홈즈 Holmes 와 라헤 Rahe (1967)는 스트레스 생활 사건들과 신체 질병들 간의 관계를 연구하면서 스트레스를 유발시키는 생활 변화를

MEMO

측정하기 위해 사회 재적응 평정척도(SRRS)를 개발하였다. 여러 연구들을 통해서 SRRS에서 높은 점수들을 가지고 있는 사람들이 여러 종류의 신체 질병과 심리학적 문제들에 더 취약함을 밝혀냈다. 다음 <표 9.2>는 사회 재적응 평정척도를 나타낸 것이다.

표 9.2 사회 재적응 평정척도

생활사건	평균값	생활사건	평균값
배우자의 사망	100	자녀의 출가	29
이혼	73	친척과의 문제	29
별거	65	뛰어난 개인적 성취	28
수감	63	배우자의 취직이나 퇴직	26
가까운 가족의 죽음	63	입학이나 졸업	26
개인적 상해나 질병	53	생활조건의 변화	25
결혼	50	개인적인 습관의 변화	24
해직	47	상사와의 문제	23
부부간의 화해	45	근무시간과 근무조건의 변화	20
은퇴	45	주거변화	20
가족의 건강문제	44	전학	20
임신	40	레크레이션 습관의 변화	19
성적인 장애	39	교회활동의 변화	19
가족의 증가	39	사회활동의 변화	18
직업의 재적응	39	적은 부채나 담보	17
경제상태의 변화	38	수면습관의 변화	16
친한 친구의 사망	37	모이는 가족수의 변화	15
전업	36	식사 습관의 변화	15
부부간 언쟁횟수 변화	35	휴가	13
중요한 부채 또는 담보	31	크리스마스	12
부채로 인한 권리상실	30	사소한 법규위반	11
책임의 변화	29		

MEMO

3.3 스트레스 대처

3.3.1 대처

대처(coping)란 환경 및 내적인 요구와 요구들 간의 갈등을 다루는 광범위한 노력을 의미한다(Lazarus, 1966). 이민규(2006)는 대처를 적응적인 대처와 부적응적인 대처로 구분하였다. 적응적인 대처는 스트레스를 효과적으로 다루는 것을 의미하는 것으로서 스트레스로부터 받는 부작용을 최소화하는 것을 말한다. 반면 부적응적인 대처란 스트레스에 대해 비효과적이고 부적절하게 대응해서 부작용을 야기하는 것을 말한다. 프리드만 Friedman 과 디마테오 Dimatteo (1989)는 대처행동을 특히 정서적으로 부담을 주는 어떤 문제나 상황을 성공적으로 다루기 위해서 사람들이 하는 생각이나 행위라고 하였다. 스트레스에 대한 대처전략은 개인에 따라 다양하다.

일반적으로 스트레스의 부정적인 효과를 감소시키기 위해서 인지적 또는 행동적인 대처방법을 사용한다. 인지적 대처란 스트레스와 관련된 부정적 효과를 감소시키거나 제거하고, 스트레스 유발 사건 자체를 자신에게 유리하게 만들기 위해서 사고방식을 사용하는 것을 말한다. 행동적인 대처는 스트레스의 부정적 효과를 제거하기 위해서 행위를 사용하는 것을 말한다.

3.3.2 통상적인 대처방식

통상적인 스트레스 대처 방식에는 여러 가지가 있으나 대표적인 것

MEMO

들은 다음과 같다. 이와 같은 대처방법은 자기기만적 요소를 포함한 방어적인 전략들이라고 할 수 있다.

(1) 포기하기
(2) 공격 행동
(3) 쾌락의 추구
(4) 자신을 비난하기
(5) 방어적 대처

3.3.3 건설적 대처방식

이민규는 건설적 대처를 통하여 스트레스에 대하여 회피하기보다는 문제에 직면하는 방법을 제시하였다. 건설적 대처는 스트레스와 대처 자원들에 대한 합리적이고 현실적인 평가에 근거를 둔다. 건설적 대처 유형도 여러 가지가 있으나 여기서는 무스 Moos 와 빌링 Billing (1982, 이민규 ; 재인용)이 제안한 세 가지의 건설적 대처 방법을 소개하였다.

(1) 평가 중심적 건설적 대처

스트레스를 보다 효과적으로 다루기 위해 스트레스의 부정적 효과를 증폭시키는 부정적인 사고방식을 인식하고, 이를 보다 합리적이고 유용한 방식으로 바꾸는 전략을 말한다.

- 아론 벡 Aron Beck 의 부정적 인지삼제와 인지적 왜곡
- 엘리스 Ellis 의 비합리적 사고

MEMO

- 유머
- 긍정적인 재해석

(2) 문제 중심적 건설적 대처

스트레스를 유발시킨 문제 자체를 경감시키거나 제거하는 노력을 말한다. 여기에는 정보 수집, 계획 세우기, 문제 해결에 도움이 되는 지식이나 기술을 획득하기 등 도구적이고 과제 지향적인 행위를 포함한다.

- 체계적 문제 해결의 사용
- 효과적인 시간관리

(3) 정서 중심적 건설적 대처

평가 중심의 건설적 대처와 문제 중심의 건설적 대처만으로 부정적 감정을 효과적으로 완화시키기 어려운 경우가 있다. 따라서 정서적 긴장을 가라앉게 만드는 대처 기제를 개발하는 전략을 말한다. 여기에는 소망적 사고, 사회적 지지추구, 긍정적으로 생각하기, 자기 비난, 긴장 감소 및 다른 사람들이 알지 못하도록 간직하기 등과 같은 대처 방식이 포함된다.

- 억압된 정서의 발산
- 주의를 다른 데로 바꾸기
- 명상
- 이완 절차의 이용

MEMO

3.3.4 학업스트레스

대부분의 청소년들이 겪고 있는 스트레스 가운데 가장 큰 것이 학업 스트레스이다. 학업 스트레스는 학업과 관련한 스트레스로서 시험, 성적 부담, 과제물, 수업, 보충수업, 여가 시간의 부족 등이 있을 수 있다. 이경희(1995)에 의하면 우리나라 중학생들은 학업 성적 문제, 부모와의 갈등 문제, 본인의 심리적 문제 순서로 스트레스를 받고 있음을 확인하였다. 이명희(1989)는 학업 스트레스로 인하여 고등학생들이 교사에 대한 미움, 실망, 의욕 상실, 가출 유혹, 술, 담배 등 기성세대에 대한 비난 등의 부적응을 겪을 수 있다고 하였다.

프리든버그 Frydenberg 와 루이스 Lewis (1993)는 청소년들을 대상으로 스트레스 대처 방식을 측정하는 도구를 개발하였는데 다음 <표 9.3>과 같다. 표에서 스트레스 대처 척도의 하위 요인을 살펴보면 개인적인 스트레스 대처 방식을 취하는 방안을 모색할 수 있을 것이다.

4. 몰입하기

몰입에 가까운 말을 굳이 찾는 다면 집중력이라고 바꿀 수 있다. 집중력이란 주변에 무슨 일이 일어나는지 알아차리면서도 의식적으로 주의를 기울이는 능력을 말한다(한순미역, 2002). 즉 어떤 대상, 아이디어, 개념, 문제에 초점을 맞추는 능력이다. 따라서 엄밀히 말하면 집중력과 몰입은 다르며, 몰입의 정도가 집중의 크기가 훨씬 크다고 생각할 수 있다.

MEMO

표 9.3 청소년 스트레스대처 척도의 18개 하위요인

대처방식	의 미
계획적 문제해결	문제해결을 위하여 다양한 입장에서 문제를 고려하고 해결하는 시도
근면 성취	성실하게 일에 몰두하여 대처하려는 시도
사회적 지원 추구	문제를 다루는 데 있어서 다른 사람들로부터 격려와 지지를 구하려는 시도
긍정적 사고	스트레스 상황을 긍정적으로 해석하거나 비교하려는 시도
소망적 사고	긍정적인 결과를 예상하거나 희망적으로 생각하여 대처하려는 시도
기분 전환	기분을 전환하거나 휴식을 취할 수 있는 방법으로 대처하려는 시도
운동 여가	운동을 하여 건강을 유지하려는 시도
긴장 완화	기분을 발산하여 긴장을 감소시키려는 시도
자기 비난	문제에 대한 자신의 책임을 강조하거나 비난하려는 시도
소속 추구	다른 사람들과의 관계를 좋게 유지하여 대처하려는 시도
전문가 도움 추구	전문적 상담이나 도움을 청하려는 시도
걱정	미래나 현재 상황에 관하여 걱정하며 대처하려는 시도
문제 감정 은폐	사회적으로 철회하여 다른 사람들이 자신의 문제나 감정을 알지 못하도록 하려는 시도
문제 무시	문제를 의식적으로 생각하지 않으려는 시도
친구와 친밀한 관계 유지	친구와 친밀한 관계에 몰입하여 대처하려는 시도
종교적 대처	기도를 하거나 종교적 신념을 강하게 갖고 대처하려는 시도
사회적 활동	다른 사람들에게 자신의 문제를 알리거나 문제를 다루는 모임에 참석하여 대처하려는 시도
포기	문제를 해결할 능력이 없음을 받아들이거나 신체 증상을 나타내면서 포기하려는 시도

(최정원 · 이영호, 2006 ; 재인용)

MEMO

학생들은 본 교과를 통하여 자신들이 하여야 할 일과 목표가 분명하게 되었을 것이다. 그러면 이제는 실행하여야 하는데 그것은 집중력에 달려 있다. 초등학생의 경우 수업시간에 집중할 수 있는 시간은 평균 10분에서 20분 내외이다. 성인의 경우는 그보다 오랜 시간 집중할 수 있지만 대학생의 수업에서도 보통 20분 정도이다.

학생 여러분은 그동안 자신이 좋아하는 일로 몇 시간 이상 집중하였던 경험이 있을 것이다. 일단 몰입하면 정말 벌써 시간이 그렇게 지났나 할 정도로 순식간에 시간이 흐른다. 아니, 시간이 흐르는 것을 느끼지 못하는 것이다. 만약 자신의 목표를 위해서 그와 같이 몰입할 수만 있다면 얼마나 좋을까? 그런 방법을 여러분이 터득한다면 각자가 세운 목표의 성공은 확실한 것이 될 수 있다.

4.1 몰입 기술

여기서는 우리나라의 몰입의 대가로 알려진 황농문 교수의 이야기를 소개하였다.

몰입이란 무엇인가? 몰입 이론의 창시자인 칙센트 미하이는 몰입을 플로우(flow)라고 명명하고, '삶이 고조되는 순간, 마치 자유롭게 하늘을 날아가는 듯한 느낌이거나 물 흐르는 것처럼 편안하고 자연스럽게 나오는 상태에서 몰입이 이루어진다'라고 하였다. 몰입을 쉽게 하기 위해서는 첫째, 목표가 명확해야 하고 둘째, 일의 난이도가 적절하고 셋째, 결과의 피드백이 빨라야 한다고 하였다.

황농문(2007)은 몰입의 예를 다음과 같이 재미있게 설명한 바 있다.

MEMO

'아프리카의 초원을 거닐다가 사자와 마주쳤다고 하자. 이때는 이 위기를 어떻게 빠져나갈까 하는 것 이외에는 아무 생각이 없을 것이다. 이 상태가 몰입이다.'

그리고 몰입 상태에서는 우리 몸이 한 가지 목표를 위하여 자기가 할 수 있는 최대 능력을 발휘하는 비상사태가 발동한다고 한다. 그리하여 자신을 초긴장 상태로 만들어 모든 것을 잊고 오로지 한 가지 일에 집중하기 때문에 잠재된 능력을 최대한 발휘한다. 이러한 몰입적 사고는 과학, 비즈니스, 학습 등 여러 분야에서 그 위력을 발휘해 왔기 때문에 학습자에게는 반드시 알아야 할 학습 기술이라고 하겠다. 그에 의하면 다행히도 몰입은 어렵거나 복잡한 것이 아니라고 하였다. 그리고 사람에게는 누구나 몰입을 할 수 있는 능력을 가지고 있기 때문에 이 방법을 터득하면 삶의 행복을 찾을 수도 있다고 하였다.

4.2 몰입 기술 훈련

4.2.1 몰입의 준비단계

여기서는 황농문의 몰입 훈련에 대하여 그 개요를 소개하였다. 먼저 몰입에 들어가기 전에 준비해야 할 것들은 다음과 같다.

(1) 문제를 설정하라.
(2) 몰입할 수 있는 환경의 확보

MEMO

(3) 불필요한 외부 정보의 차단
(4) 혼자만의 공간 선정
(5) 규칙적이고 땀 흘리는 운동
(6) 단백질 위주의 식사

4.2.2 몰입훈련

어느 정도 명상적 사고 훈련이 되어 있는 사람이라도 완전 몰입을 경험하는데 약 일 주일이 걸린다고 한다. 그러나 한 번 몰입 경험이 생기면 생각하는 주제에 여러 번 몰입해서 익숙해지고, 3일 정도면 충분히 몰입단계에 들어갈 수 있다고 하였다. 몰입은 적어도 3일 이상 일상의 모든 것을 잊고 오로지 풀어야 할 문제만을 생각해야 들어갈 수 있는 고도의 정신 활동이라고 한다.

실제로 그와 같은 몰입을 대다수의 학생들이 경험하기는 매우 어렵다. 실제 수업에서 다루는 몰입하기는 1~2시간 정도이므로 수업 시간에 몰입을 체험하기는 쉽지 않을 것 같다. 따라서 다양한 몰입사고의 사례와 성공담을 소개하는 것을 주로 하고 아주 간단한 몰입적 사고 훈련을 해보는 것으로 하여야 할 것으로 생각된다.

3일간의 몰입 훈련하기 개요는 다음과 같다.

- 제1일 : 잡념을 털어내고 자세를 만든다.
- 제2일 : 아이디어가 움직이기 시작한다.
- 제3일 : 생각하는 재미가 솟구친다.

4.2.3 몰입의 5단계

MEMO

몰입에 이르는 다섯 단계는 다음의 <표 9.4>와 같다.

표 9.4 몰입의 5단계

단계	방법	의미	목표
1	풀리지 않는 문제를 20분간 생각한다. 하루에 5번, 2주 이상 생각한다.	몰입 준비 단계로 생각하는 습관을 들인다.	자신의 능력에 대해 자신감을 갖는다.
2	풀리지 않는 문제를 2시간 동안 생각한다. 하루에 한 번, 2주 동안 연습한다.	힘들이지 않고 오래도록 생각하는 방법을 터득하는 과정	생각하는 것이 전혀 힘들지 않고 하루 종일이라도 생각할 수 있는 상태에 도달한다.
3	좋아하는 운동을 규칙적으로 매일 1시간씩 한다. 풀리지 않는 문제를 매일 2시간 동안 생각하고 일요일에는 하루 종일 생각한다.	며칠이고 생각할 수 있는 최상의 컨디션 유지	자신의 능력을 최대한 발휘하기 위해 규칙적인 운동이 필수임을 깨닫고 습관으로 만든다.
4	풀리지 않는 문제를 7일간 생각한다.	고도의 몰입 체험	하루 종일 그 문제만을 생각하게 되어, 문제에 대한 생각과 함께 잠들고 문제에 대한 생각과 함께 잠에서 깬다.
5	한 달 이상의 지속적인 몰입 체험	몰입 체험을 통한 변화	최상의 삶에 대한 깨달음

MEMO

활동하기

1. 여러분은 시간관리를 어떻게 하고 있는가? 1일 계획표 또는 월간계획표를 세우고 있는가? 시간관리의 계획은 언제 세우며, 세운 계획은 어디에 기록하는가? 시간관리 계획을 세우지 않는 사람들의 대처법은 무엇인가?

2. 여러분은 건강관리를 어떻게 하는가? 운동과 식습관은 어떠한가? 혹시 지금 건강에 이상이 있는가? 체질적으로 또는 질병적으로 가족력은 있는가? 여러분의 건강을 해치는 습관이 있다면 그것은 무엇인가?

3. 생활 재적응 평정척도로 여러분의 현재 스트레스 정도를 측정하여 보자. 여러분의 스트레스 대처법은 무엇인가? 건설적 스트레스 대처법과 여러분의 대처법은 어떻게 다른가?

4. 몰입하고 싶은가? 3일간 몰입 프로그램에 참여해 보자.

제10장

대인관계기술

1. 의사소통
2. 스피치
3. 이미지 메이킹

MEMO

1. 의사소통

의사소통이란 자신의 생각과 감정을 다른 사람에게 정확하게 전달하고, 다른 사람이 표현하는 생각과 감정을 정확하게 받아들이는 것이다. 정확하게 전달하지 못하거나 정확하게 받아들이지 못하면 인간관계에서 상호간에 오해가 생길 수 있다. 가까이는 친구, 이성, 가족, 집단 구성원간의 의사소통이 원활하지 못하면 원만한 관계를 기대할 수 없다. 직장에서는 의사소통이 되지 않으면 업무를 수행하는 것에 많은 지장을 초래한다. 때로는 오해로 그치는 것이 아니라 더 큰 이해 문제로 발전할 수도 있다. 예를 들어, 법정이나 병원 장면에서의 의사소통이 잘 안되었다고 하자. 결과는 비극적이고 끔찍할 것이다. 실제로 종종 신문의 사회면 기사에서 이와 같은 일을 접하곤 한다.

효과적인 의사소통은 대인관계에서 중요한 기술의 하나이다. 의사소통은 상호간의 의사전달 방법인데, 코비(1997)는 의사소통의 두 가지 측면을 강조한다. 하나는 수면 위로 드러난 기술적 측면이고, 또 다른 하나는 태도와 동기적 측면인 개인의 안정성이다. 장기적이고 효과적인 의사소통 능력을 개선하기 위해서는 이 두 가지 수준에 대한 노력이 필요하다. 특히 코비는 이와 같은 의사소통에는 기술이 필요하며, 이 기술은 훈련을 통해서 얻을 수 있다고 하였다. 만약 어떤 사람은 그 문제를 대화로 해결하고 어떤 사람은 그렇지 못한다고 하면 그렇지 못한 사람은 의사소통 기술이 상대적으로 부족한 것이다. 결국 기술의 부족이므로 꾸준히 연습하여 몸에 익히는 것이 가장 빠른 길이다.

MEMO

우리에게 피뢰침의 발명으로 유명한 프랭클린의 사례는 연습이 얼마나 중요한지를 알려준다. 그는 스스로 자신이 말을 조리 있게 잘 못했고 달변은 더더욱 아니었으며 어휘도 자신 있게 선택하지 못하고 문법도 정확하지 않아서 겨우 요점만 전달하는 정도라고 하였다. 게다가 사람들과 이야기를 하는 도중에 어떤 주제를 놓고 토론할 때 자신이 옳다는 것에 만족하지 못하고 무례하게 상대방을 꺾으려 하는 성향이 있었다. 하루는 이와 같은 결점을 퀘이커 교도인 한 노인에게 듣고 이를 고치기로 마음먹고 실행하였다. 그리하여 전에 잘 쓰던 '확실하게', '의심할 여지없이'와 같은 표현 대신 '내가 알기로는', '나는 이렇게 보고 있는데', '내 생각에는'과 같은 표현을 사용하기 시작하였다. 그리고 다른 사람이 틀린 것을 우길 때 반박하려는 유혹을 참고 그 사람의 부조리한 점을 들추는 것을 삼갔다고 한다. 그리고 대답은 '당신의 주장은 어떤 특정한 경우나 상황에는 맞을지 모르지만 지금 이 상황에서는 좀 다른 것 같네요.'라는 식으로 하였다. 그랬더니 효과가 금방 나타나서 그가 끼인 대화는 전보다 훨씬 즐겁게 진행되었다고 한다. 그는 이 대화 기술을 연습하여 이후 50년간 몸에 배인 그의 습관으로 만들었다. 이 습관은 그가 의원이 되었을 때 성실함 다음으로 큰 힘을 발휘하였다. 이 습관이 바로 프랭클린의 유명한 13개의 덕목에서 마지막 덕목인 겸손함이다.

의사소통에는 다음 몇 가지 중요한 기술이 있다. 관점에 따라 중요한 기술은 다르겠으나 여기에서는 첫째, 경청 기술, 둘째 자기주장 기술, 셋째, 분노조절 기술을 중심으로 설명하였다.

MEMO

1.1 경청기술

우리는 사람의 귀가 둘이고 입이 하나인 이유에 대하여 상대방의 말을 많이 듣고 자신의 말은 적게 하라는 선인들의 지혜를 잘 알고 있다. 그만큼 상대방의 말을 많이 듣는 것은 매우 중요하다. 그렇지만 상대방의 말을 잘 듣는 것에는 기술이 필요하다. 여러분은 힘들거나 괴로운 일이 있으면 누구에게 이야기하는가. 물론 여러분의 이야기를 가장 잘 들어주는 사람에게 속마음을 털어 놓을 것이다. 이와 같이 남의 이야기를 잘 들어 주는 기술인 경청은 특히 상담가에게 필요한 덕목이기도 하다. 그러나 일반인도 경청의 기술을 습득하면 의사소통에 있어서 강력한 자원으로 활용할 수 있다. 경청에는 다음과 같은 세부 기술이 있다.

1.1.1 반영

반영은 상대방의 이야기를 내가 잘 알아듣고 있다는 것을 상대방에게 표시하는 것이라고 할 수 있다. 반영에는 내용을 반영하거나 감정을 반영하기도 한다. 반영을 하면 상대방의 이야기에게 내가 잘 반응하고 감정이입되고 있다고 무의식적으로 전달해준다.

내용의 반영은 쉽게 말하면 재진술 혹은 바꾸어 말하기라고 한다. 재진술이란 상대방의 이야기 속에 담긴 생각을 내가 다시 주기적으로 해석하여 말하는 것이다. 재진술은 단순하게 상대방의 이야기를 따라하는 것과는 다르다. 입장을 바꾸어서 생각해 보면, 자신의 힘들었던 이야기나 그때의 감정을 비록 내가 한 이야기이지만 상대방이 다시

MEMO

한 번 부연해서 말해준다면 '아하, 이 사람이 나의 이야기를 잘 들어주고 있구나'라는 마음이 확연히 들게 될 것이다. 재진술을 정확하게 하지 않으면 상대방은 오히려 자신의 말을 정확하게 이해하지 못하거나 말하지 않은 것을 전달하는 것처럼 의심할 수 있다.

감정의 반영은 상대방의 감정을 정확히 이해하고 이를 공감한다는 것을 전달하는 것이다. 즉, 상대방의 이야기뿐만이 아니라 상대방의 정서적인 부분과 행동을 잘 살피고, 이를 내가 느낀 대로 말하는 것이다. 감정의 반영을 통해서 두 사람 간의 관계가 형성되기도 하지만, 지나친 감정의 반영은 오히려 상대방을 힘들게 할 수도 있다.

1.1.2 명료화

명료화는 상대방이 분명하게 말할 수 있도록 하며, 내가 상대방의 이야기를 잘 이해하고 있는지를 확인하기 위하여 하는 질문을 말한다. 상대방이 어떤 일로 인해 몹시 흥분을 하여 감정적인 상태에서 정황을 말로써 제대로 설명하지 못하는 경우가 있다. 또 어떤 경우는 상대방이 모호하게 설명하여 그 뜻을 제대로 전달하지 않을 수 있다. 심지어는 장황한 이야기를 듣다 보면 깜박 지나친 이야기도 있을 수 있고 잠깐 다른 생각을 하여 앞의 말을 이해하지 못한 채 이야기를 들을 수도 있다. 제대로 알아듣지 못한 상태에서 알아들은 것처럼 고개를 끄덕이거나 맞장구치다가 상대방의 신뢰를 잃을 수도 있기 때문에 주의하여야 한다. 이런 경우 상대방에게 명료화 기술을 사용하면 좋다. 예를 들면, '지금 당신이 말한 내용은 이러이러하다는 뜻으로 알아들었는데 맞습니까?', '어떠어떠한 감정이라고 하셨는데, 어떻게

MEMO

느끼신다는 이야기인가요?' 등 명료화 기술은 실생활에서 다양하게 사용할 수 있다.

1.1.3 요약하기

요약하기는 오랫동안 상대방과 나눈 이야기를 요약하는 기술이다. 주로 이야기의 마지막 부분에 요약하기를 사용하면 상대방이 만족하는 경우가 많으므로 유효하다. 때때로 앞에서 말한 명료화와 같이 장황하거나 모호한 상대방의 이야기를 적절한 타이밍에 끊고 요약하는 것도 좋다. 그러면 상대방이나 나에게도 이야기의 내용이 명확해지고 다음의 이야기를 진행하도록 해 준다. 물론 요약하기는 상대방이 하는 것이 아니라 내가 하는 것이다. '그러니까 지금까지의 이야기는 이러이러하다는 말이군요.'와 같은 정도로 짧게 정리해 주는 것이다. 다음에 또 만나게 될 경우에는 이야기의 시작 전에 요약하기를 해줌으로써 상대방에게 내가 지난번의 이야기를 잘 이해하고 있다는 것을 전달하는 효과가 있다. 따라서 금방 새로운 이야기를 시작하는 것보다 훨씬 이야기의 시작을 부드럽게 해 줄 수 있다.

1.2 자기주장기술

자기주장이란 자신과 타인의 권리를 동등하게 존중하면서 자신의 사고, 감정, 원하는 것, 성취하고자 하는 것, 의견 등을 단호하게 요구하거나 표현하는 것을 의미한다(엄명용 · 노충래 · 김용석, 2008 ; 재

MEMO

인용). 자기주장을 하는 사람은 때로는 비난이나 거부, 처벌을 가져올 수 있지만 이를 감당할 부담을 안게 된다. 그러기 때문에 많은 사람들이 자기주장을 함에 있어서 주저하는 경우가 생긴다.

우리나라에서 사람들이 자기주장을 제대로 하지 못한다는 것은 안타까운 일이며 하루 바삐 고쳐져야 할 부분이다. 우리나라는 아직까지 유교의 영향이 남아있어 나이 어린 학생들이 어른이나 선생님께 자기주장을 하는 것이 자연스럽지 못한 것으로 인식되고 있다. 직장에서도 상사나 이해관계가 있는 사람과의 관계에 있어서 이와 같은 경향을 보인다. 심지어는 동료나 친구 사이에도 너무 상대방을 배려한 나머지 자기주장을 제대로 하지 않는 경우가 있다. 자기주장을 하는 사람은 어딘가 우리사회에 적응하지 못하는 사람 혹은 성격적으로 모난 사람으로 보는 경향이 있다. 그만큼 우리 사회에서 자기주장을 한다는 것은 쉽지 않다. 왜냐하면 사회적으로 고립되지 않으면서 자신의 의사표현을 제대로 하는 것이 상당히 어렵기 때문이다.

사회적으로 불리한 위치에 있는 사람들은 수동적이고 자기의 의사표시를 분명하게 표현하지 못하기 때문에 더욱 좋지 않은 결과를 가져올 수 있다. 최근에 주위에서 볼 수 있는 여학생을 위한 성교육이나 직장의 성희롱 방지교육 등에서 여성들의 대처 방법으로 자기주장 방법을 제시하고 있다. 또한 소외계층이나 여성을 위한 자기주장 훈련 프로그램을 실시하는 기관이 늘고 있다. 이와 같은 훈련 프로그램은 가정 폭력이나 학대와 같은 상황이면서도 자기주장을 하지 못하는 사람들에게 긍정적이고 희망적인 방법을 제시한다.

여기서는 실생활에 적용하기 쉬운 자기주장 전략의 하나인 3F를 소개한다.

MEMO

첫째, 현재의 사실(Fact)을 그대로 말한다.
둘째, 그로 인한 나의 감정(Feel)을 말한다.
셋째, 정당한 요구(Fairy Request)를 한다.

1.3 분노조절기술

1.3.1 분노

분노는 높은 부정적 정서의 차원이다. 심리학적들은 정서는 사랑과 기쁨 등의 쾌와 분노와 공포 등의 불쾌의 차원으로 구분할 수 있다. 왓슨 Watson 은 정서를 일으키는 자극상태와 관련시켜 기본 정서를 공포, 분노, 애정의 세 가지라고 주장하였다.

이와 같은 정서를 표현하는 것은 세계 공통으로 얼굴 표정으로 나타난다. 그리고 정서는 생리적으로 피부는 물론 신체 내부에 영향을 미친다. 따라서 사람이 분노하면 얼굴의 표정이 화난 얼굴로 바뀌게 된다. 신체 표면의 혈관이 확장되고 혈액의 양이 증가하여 안면이 홍조를 띠게 된다. 흥분하면 입 속이 마르며 소화기에도 영향을 주어 소화액의 분비가 억제된다. 내분비계에도 영향을 주어 자율신경계의 교감신경을 흥분시키게 된다. 흥분된 교감신경은 부교감 신경이 작용하여 안정될 때까지 계속 유지된다.

분노하여 흥분하면 교감신경의 작용으로 신체 각 부위에 위급상태임을 알리고 이에 대비하도록 체제를 갖추게 한다. 이는 본능적으로 도피냐 공격이냐라는 결정을 내리게 되므로 분노한 사람은 공격적이

MEMO

되기 쉽다. 당연히 극도로 흥분하거나 분노하면 상대방에게 그대로 정서가 전달되며, 상대방뿐만이 아니라 주위의 사람에게도 전달된다. 일상생활에서 이와 같은 일이 빈번하게 나타난다면 그것은 싸움터나 다를 바 없을 것이다. 따라서 쉽게 분노하는 사람은 일상생활에 적합하지 못한 사람으로 인식되기 마련이다.

1.3.2 분노의 경험

우리는 일상생활에서 가끔 분노를 경험한다. 가끔이라는 표현은 적절하지 않으나 사람에 따라서 분노의 빈도와 크기는 각각 다르다. 사소한 말썽이나 예기치 않은 일로 인하여 짜증이 나거나 혹은 불쾌함은 쉽게 경험할 수 있는 일이다. 예를 들면, 차가 막혀 지각을 하거나 식당에서 지갑을 잃어버리는 경우가 있다. 이런 일이야 어느 정도 시간이 지나거나 하면 잊을 수 있는 일상생활의 골칫거리로 생각할 수 있다. 그러나 가족이나 친구와 심한 말다툼을 하거나 가까운 사람에게 배신을 당하거나 모르는 사람에게 망신을 당한 일이 있다고 하면 어떠할까? 골칫거리에 비해 상당히 큰 마음의 상처를 입기도 하고 마음속에 가득한 분노가 오랫동안 남을 수 있다. 이와 같은 분노는 본인은 물론 상대방과 주위의 사람들에게까지 부정적인 결과를 가져오게 만든다. 그러므로 분노에 대한 대처 혹은 조절이 필요하다.

분노와 관련한 김굉필과 조광조의 유명한 일화가 있다. 김굉필은 자신의 어머니께 보내 드리려고 소중히 말리던 꿩고기를, 지키는 사람이 한 눈을 판 사이에 고양이에게 도둑을 맞았다. 그 일로 인해 너무 화가 난 나머시 그의 말씨가 자못 사나워졌다. 이에 제자인 조광

MEMO

조가 나아가 선생님의 봉양하시려는 정성은 알겠으나 군자의 말씨는 잠깐 흐트러지면 허물이 됨을 지적하였다. 김굉필은 조광조의 손을 잡고 '내가 너의 선생이 아니고 네가 실로 나의 선생이다.'라고 하였다. 그리고 김굉필은 하루 종일 그리 외치고 또 외쳤다.

화가 나면 우리나라의 선인들은 손바닥에 참을 인자를 3번 쓰라고 가르쳤다. 또 참는 자에게 복이 있다는 성구도 있다. 그러나 화난 것을 참고 속으로 삭이는 것은 정신 건강에는 그리 좋지 않다. 일상생활에서 느끼는 작은 분노는 사람을 짧게는 오전 내내 아니면 하루 종일 힘들게 한다. 특히 직장에서 창구민원을 접하는 일에 종사하는 사람의 경우 상대방을 인해 분노를 느끼는 경우가 많다. 이런 사람들은 분노 조절을 제대로 하지 않으면 업무를 제대로 처리할 수 없게 된다.

1.3.3 분노조절전략

적대감의 조절로 유명한 윌리엄스 Williams (1993) 부부는 분노조절을 위해 각자 적대감 점수를 측정하고, 적대감일지를 작성할 것을 권하고 있다. 적대감 점수는 별도의 척도가 있지만, NEO 성격검사를 통해서도 알 수 있다. 여러 연구들에 의하면 적대감을 잘 느끼는 유형이 있다. 각자 자신이 어떤 유형인지는 스스로 알 수 있을 것이다.

적대감일지는 일상생활에서 어떤 사소한 일에 대해 각자가 느끼는 냉소적 생각, 분노 감정, 공격적 행동 등을 그때그때 기록하는 것이다. 그리고 그날 저녁에는 자신이 기록한 적대감일지를 읽고, 그와 같은 생각, 감정, 행동에 대해 '계속 관심을 기울일 만한 가치가 있는

MEMO

문제인가?', '나는 정당한가?', '나는 효과적인 반응을 보였나?'에 대하여 스스로 묻게 한다. 그리고 매일 시간을 정해서 연습하고 실생활에 적용한다.

또한 화를 다스리는 17가지 전략을 소개하였는데, 그 전략들은 크게 두 가지로 나눌 수 있다. 하나는 폭발하게 만드는 사람이나 상황 같은 부정적인 자극들을 제거하는 것이고, 또 하나는 스스로를 설득하여 분노를 일으키는 상황을 중요하지 않은 위협으로 다시 정의하는 전략이다. 분노감정을 비켜가는 방법에는 적대적인 생각 중단하기, 관심 바꾸기, 명상하기, 자극제 피하기가 있다. 대인관계를 개선하여 상대방에게 화낼 기회를 줄이는 방법으로 애완동물 기르기, 경청하기, 사회봉사활동하기, 공감 늘리기, 인내심 키우기, 용서하기, 좋은 친구 사귀기가 있다. 삶에 대해 좋은 태도를 갖게 하는 방법으로 유머로 웃어넘기기, 좀 더 종교적으로 살기, 오늘이 마지막인 것처럼 생각하기가 있다.

2. 스피치

2.1 스피치 불안

학생 여러분은 그동안 성장하면서 많은 사람들 앞에서 발표한 경험을 가지고 있는가? 그 당시 발표할 때의 느낌은 어떠하였는지 기억을 떠 올릴 수 있을 것이다. 사람에 따라서 무덤덤한 사람도 있을 수 있지만 대부분의 사람은 가슴이 뛰고 두근거렸던 기억을 가지고 있을 것이다. 특히 무대 위에서 마이크를 잡았을 때, 학교 방송에서 카메라 앞에 섰을 때, 소그룹에서 자기의 발표순서가 돌아올 때 등등 여러 상황에서 우리는 스피치 장면을 생각할 수 있다. 말 잘하는 사람들이야 별 문제가 없지만 그렇지 못한 사람들에게는 스피치야말로 정말 고통의 순간이 아닐 수 없다.

대학에서 교수들은 강의 시간에 학생들의 발표력을 기르기 위하여 발표 과제를 부여한다. 발표시간에는 평소에는 활달하던 학생이지만 많은 학생들이 발표를 두려워하거나 몹시 서투른 경우를 볼 수 있다. 아마도 일상의 대화가 아닌 격식 있는 자리에서의 발표는 익숙하지 않은 탓이라고 생각된다. 대체로 평소 사용하는 언어가 아닌 다른 형태의 언어로 나오는 것이 상당히 낯설어 하고 어색해한다. 그럴 때 저자는 학생에게 본인의 언어로 차분히 다시 말해 달라고 요구한다. 어떤 경우는 발표를 못하고 서있는 사람도 있고, 아예 발표를 하지 않겠다는 거부를 보이기도 한다. 여러분은 어떤 경우인가?

그러나 너무 걱정할 일은 아니다. 중요한 것은 어느 특정 학생에게만 이런 현상이 나타나는 것이 아니라는 것이다. 사실 우리에게 알려진 많은 유명한 사람들도 그와 같은 경험을 가지고 있다. 이와 같은 스피치 불안은 연습에 의해 없앨 수 있다.

국내 TV의 유명한 개그 프로그램에 나오는 유명한 개그맨들조차 스피치 불안에 시달린다고 한다. 평소 재치 있고 말 잘하는 그들이지만 막상 카메라와 관객 앞에서 설 때는 그들도 우리와 마찬가지로 몹시 긴장한다고 한다. 개그 프로그램은 특히 생방송이 아닌 녹화방송을 한다. 몇 번의 NG가 나면 방청객과 PD 앞에서 극심한 불안과 공포로 인해 어색한 장면을 연출하게 된다. 그 결말은 개인이 프로그램

MEMO

에서 하차하거나 심지어는 그 프로그램이 없어지는 경우조차 있다. 이에 대한 해결 방법이란 뾰족한 수가 없고 NG가 나오지 않도록 모든 시간을 집중하여 무수한 연습을 하는 것이다. 경우에 따라서 성공했을 때의 이미지를 상상하면서 자신을 격려하는 것도 도움이 될 것이다.

예를 들어, 보험업 또는 영업 관련직에 종사하는 사람들은 고객들을 상대로 말하는 것이 업무의 많은 비중을 차지한다. 그들 또한 스피치 할 때의 불안감을 가지고 있다. 만약 고객이 영업사원의 말을 무시한다거나 관심이 없다거나 '노'라고 말할 때의 장면을 상상해 보라. 그러면 그들 또한 낙심하고 실망하여 '나에게 이 직종은 맞지 않는 거야'라고 생각할 수 있다. 여러 회사마다 그에 대한 노하우가 있겠지만 결국은 문제 해결의 중심은 교육으로 집중된다. 따라서 매일, 매주, 매월 모이고 교육하고 스피치를 반복 훈련하는 것이다. 결과적으로 그들은 상대적으로 다른 사람들보다 말을 잘하는 사람처럼 보이고 고객의 마음을 사로잡게 된다.

1985년부터 CNN의 <래리 킹 라이브>를 진행해 온 래리 킹은 40년 넘게 '말하는 일'을 하고 있는 사람이다. 그의 방송은 케이블 TV에서도 가장 유명한 것으로 전 세계를 대상으로 시청자와 전화를 개방하고 있는 유일한 토크쇼이다. 그러한 그도 첫 방송에서는 너무 긴장하여 힘들었던 기억을 다음과 같이 회상하였다. '일단 말문이 터지자 나는 약간의 자신감이 생겨서 그런대로 방송을 진행할 수 있었다. 그 쇼의 나머지 방송은 괜찮았다. 이것이 내말하는 직업의 첫 시작이었다. 그 일 이후로 라디오에서 긴장하는 법은 결코 없다.'

MEMO

2.2 스피치 기술

스피치란 화자가 특별한 목적을 가지고 청자와 상호작용적 의미를 공유하기 위하여 언어적·비언어적 메시지를 구성하여 내보내고 청자의 반응을 관찰하는 쌍방적 커뮤니케이션 과정이다.

스피치의 종류에는 소개 스피치, 정보제공 스피치, 설득 스피치, 예식 스피치, 목적사 등이 있다. 스피치의 구성요소는 크게 첫째로 내용(메시지), 둘째로 음성, 셋째로 태도의 3요소로 구분된다.

2.2.1 3단계 구성법

상대방에게 호감을 주는 최고의 스피치는 다음의 3단계로 구분된다(우송정보대학, 2007).

(1) 주제 선언(말할 것에 대해서 말하라)

- 주제를 선언한다.
- 주제 선언은 호기심과 흥미를 유발시켜야 한다.
- 청자의 듣기에 대한 준비를 완료시키는 부분이 바로 도입 단계이다.

(2) 화제 전개(말하라 – 그것을 구체적으로 자세하게)

- 본론을 전개한다.
- 구체적 예화를 들면서 알아듣기 쉽고 감동적으로 전개한다.
- 건축가가 멋진 건축물을 창조하듯이 벽돌 한 장 한 장 쌓기 식으로 스피치를 전개해 나간다.

MEMO

(3) 마무리 및 주제 반복(말한 것에 대해 말하라 - 그것을 요약해서)

- 화제 전개를 마무리한다.
- 주제를 반복하면서 종결을 선언한다.
- 성인의 명언, 고사 성어를 활용하는 멋진 마무리가 스피치 성공의 핵심

2.2.2 말 잘하는 사람의 8가지 특징

스피치를 잘하는 사람들은 누구인가? 그런 사람들은 어떤 특징이 있는가? 앞에서 소개한 래리킹(1994)은 말 잘하는 사람들의 8가지 공통점을 다음과 같이 제시하였다.

(1) 새로운 시각으로 사물을 바라보라.

누구에게나 익숙한 주제라도 '새로운 시각'을 가지고 사물을 다른 관점에서 본다.

(2) 시야를 넓혀라.

'폭 넓은 시야'를 가지고 일상의 다양한 논점과 경험에 대해 생각하고 말한다.

(3) 열정을 가져라.

'열정적'으로 자신의 일을 설명한다.

MEMO

(4) 당신 자신에 대해서만 말하려 하지 말라.

언제나 자기 '자신에 대해서만 말하려 하지 않는다'.

(5) 호기심을 표출하라.

'호기심'이 많아 좀 더 알고 싶은 일에 대해서는 '왜?'라는 질문을 던진다.

(6) 공감을 표출하라.

상대방에게 '공감을 나타내고' 상대의 입장이 되어 말할 줄 안다.

(7) 유머 감각을 보여 주라.

'유머 감각'이 있어 자신에 대한 농담도 꺼려하지 않는다.

(8) 자신만의 스타일로 대화하라.

말하는 데 '자기만의 스타일'이 있다.

2.3 대화

대화는 스피치보다도 더욱 쌍방향의 커뮤니케이션이다. 구현정(2003)은 대화를 사람의 마음을 표현하는 최선의 방법이라고 하고, 인간관계를 만들어가는 가장 중요한 도구라고 하였다. 그는 말하기 원칙을 두 가지로 설명하고 있는데, 첫째는 상대방과 일정한 거리를

MEMO

유지하는 것이고, 둘째는 자기중심의 생각에서 벗어나 상대방 중심의 대화를 나누라는 것이다.

2.3.1 설득의 11가지 원칙

인간관계의 비결에 관한 저술과 강연으로 유명한 데일 카네기는 다음과 같이 설득의 11가지 원칙을 말하고 있다(이채윤, 2004). 이 원칙은 스피치에 적용할 때 강력한 힘을 발휘할 수 있다.

(1) 논쟁하지 마라.
(2) 실수를 지적하지 마라.
(3) 자신의 실수를 인정하라.
(4) 공손하게 말하라.
(5) 답이 '예스'인 이야기부터 시작하라.
(6) 상대가 이야기하도록 만들어라.
(7) 상대방이 생각해 내도록 하라.
(8) 상대방의 입장에서 생각하라.
(9) 상대방에게 동정을 표시하라.
(10) 숭고한 마음에 호소하라.
(11) 경쟁심리를 자극하라.

2.3.2 성공하는 사람들의 말하기 법칙 11가지

스피치 컨설턴트인 이정숙(1998)은 21세기형 성공은 스피치 능력에 달려있다고 한다. 진문가가 제시하는 스피치 기술은 나음과 같다.

MEMO

(1) '말을 아끼라'는 우리말의 미덕을 안다.
(2) 자기 목소리를 가꿀 줄 안다.
(3) 때로 안개작전도 구사한다.
(4) 자기만의 스타일이 있다.
(5) 달변보다는 진실한 한마디 말로 감동을 준다.
(6) 거절과 부탁은 확실하게 한다.
(7) 남보다 반박자 앞선 화제를 구한다.
(8) 솔직함으로 남을 웃긴다.
(9) 눈을 맞춰 확실하게 설득한다.
(10) 쉽게 말해서 기억에 남긴다.
(11) 말과 옷을 하나로 매치시킨다.

3. 이미지 메이킹

3.1 이미지의 정의

금한나(2007)에 의하면 이미지는 상, 표상, 심상 등의 다양한 뜻을 가지고 있다. 이는 가시적인 형태나 율동 등의 대상으로부터 느끼는 분위기 · 감각 · 연상 등 총체적인 개념으로 표현될 수 있으며, 인간의 지각 활동에 의해 형성된다고 한다. 따라서 이미지란 '지각화 과정인 자극 – 지각 – 인지 – 태도 – 반응을 통한 주관적이고도 선택적인 외부 사항의 재표현'이라고 하였다.

MEMO

이와 같은 이미지는 국가 이미지, 기업 이미지, 개인 이미지로 구분할 수 있는데 여기서는 주로 개인의 이미지에 대하여 언급하기로 한다. 개인 이미지는 취업 후에 다시 교육을 받겠지만 기업의 이미지에도 반영되므로 취업에 있어서 개인 이미지는 매우 중요하다.

자신의 매력을 끌어내기 위해 이미지를 조절하는 훈련을 이미지 컨트롤이라고 하는데 이 방법은 스포츠나 교육, 산업, 의학 등 많은 분야에서 활용된다. 이미지 컨트롤에는 플러스 이미지를 이미지화 하는 방법과 플라시보 효과를 활용하는 것이 있다.

3.2 이미지의 종류

이미지 메이킹을 위하여 습득하여야 할 기술로서 다음과 같은 내용이 있다.

3.2.1 외형적 이미지

(1) 색 이미지
(2) 옷차림의 이미지
(3) 여성의 옷차림
(4) 남성의 옷차림
(5) 헤어스타일과 메이크업 이미지

MEMO

3.2.2 행동 이미지

(1) 표정 이미지
(2) 자세 걸음걸이 이미지
(3) 제스처 이미지

3.2.3 대화 이미지

(1) 목소리 이미지
(2) 대화 테크닉
(3) 대화 매너
(4) 대화시의 금기사항

3.3 이미지 메이킹 사례

우송정보대학(2007)은 병원에서 치과병원에 근무하는 의료인에 관한 이미지 메이킹에 대하여 제시하였는데 유사한 내용이 있어서 여기에 소개하겠다. 내용은 주로 병원에서의 서비스와 매너, 의료인으로서의 개인 이미지에 관한 내용들이지만 다른 전공분야에서도 응용할 수 있을 것이다.

MEMO

3.3.1 서비스의 중요성

(1) 왜 오늘날에는 서비스가 점점 더 중요해지나?

- 고객은 더 많은 것을 요구한다.
- 고객은 더 많은 선택사항을 갖는다.
- 서비스는 매출을 의미한다.
- 서비스는 이윤을 창출한다.

(2) 고객은 이런 것을 원한다.

- 관심
- 공정한 대우
- 유능하고 책임감 있는 노력
- 신속함과 완벽함

3.3.2 서비스 만족도 결정의 9가지 요소

(1) 신뢰도

(2) 신속성

(3) 정확성

(4) 커뮤니케이션

(5) 태도성

(6) 안전성

(7) 고객이해

MEMO

(8) 편의성

(9) 환경

3.3.3 단정한 용모의 체크 리스트

(1) 헤어스타일이 깔끔하고 단정한가?

(2) 화장이 단정하게 되어 있는가?

(3) 구취가 나지 않는가?

(4) 음식물 찌꺼기가 이 사이에 끼지는 않았는가?

(5) 손톱은 깨끗하게 다듬어져 있는가?

(6) 옷에 다림질이 되어 있고, 단추나 실밥이 늘어져 있지는 않은가?

(7) 속옷이 삐져나와 있지는 않은가?

(8) 구두가 잘 닦여져 있는가?

3.3.4 기타 기억해야 할 사항

(1) 스마일의 효과

(2) 시선

(3) 표정의 주요 포인트

(4) 올바른 자세와 동작의 중요성

(5) 서는 자세

(6) 앉은 자세

(7) 걷기

(8) 걸을 때

MEMO

(9) 들어오고 나가는 자세
(10) 수수동작
(11) 방향지시의 동작
(12) 수납시 주의사항
(13) 복도를 안내할 때
(14) 계단을 오르내릴 때
(15) 문에 따른 안내
(16) 엘리베이터에서 안내할 때
(17) 친절한 동작의 포인트
(18) 인사의 기본
(19) 인사 자세
(20) 인사 동작
(21) 인사의 종류
(22) 기타 상황에 맞는 인사
(23) 피해야 하는 인사

MEMO

활동하기

1. 다음의 상황에서 3F를 이용한 자기주장을 이야기해보자.
   (1) 복잡한 할인마트에서 줄을 서서 물건을 사고 집으로 돌아왔다. 확인해 보니 거스름돈이 모자랐다. 틀림없이 점원이 착오를 하였을 것이다. 생각할수록 화가 난다. 다시 가서 기다려서 항의하기도 그렇고, 점원이 믿어줄까 하는 생각도 들고, 그 자리에서 확인 못한 나에게도 책임이 있는 것 같은 생각도 든다.
   (2) 오늘 입으려고 세탁소에서 바지를 찾아왔다. 그런데 얼룩이 그대로 있고 다시 바꾸러 갈 시간도 없다. 이제 밖으로 나가야 하는데 남들은 못 알아차리겠지만 얼룩을 지우려고 세탁소에 보낸 것이 제대로 목적을 이루지 못해 못내 답답하다. 돈도 치렀고 입고 나갔다 오면 다시 구겨질 것이고, 어떡하면 좋을까 답답하고 짜증이 난다.

2. 칠판에 적힌 주제로 3분 스피치를 앞에 나가서 발표해 보자. 나름대로 스토리를 정해서 시작과 끝을 어떻게 맺을까 생각해둔다. 긴장을 어떻게 하면 완화시킬까 방법을 찾는다.

3. 나의 이미지 메이킹은 필요한가? 지금의 이대로라면 나의 목표에 부합된 모습일까 생각해보자. 개선해야 할 점은 무엇인가?

제11장

취업 정보 활동

1. 직업정보 찾기
2. 직업 찾기
3. 직장 찾기
4. 직장탐방 계획 세우기

MEMO

1. 직업정보 찾기

1.1 직업

김봉환 등(2007)은 직업이란 일생동안 수행하게 되는 일 중에서 특정 시점에서 수행하는 주된 일의 역할을 의미하는 것이라고 하였다. 한편 정철영(1999)은 직업이란 생계의 유지, 개성의 발휘 및 자아의 실현, 사회적 분담을 목적으로 계속적으로 행하는 노동 또는 일이라고 정의하였다.

한국산업 및 조직심리학회(2000)는 미국국립직업지도협회(NVGA)의 정의에 따라 사람들이 일생 동안 일하는 것 모두를 직업이라고 하였다. 황매향(2007)은 직업이란 '생계를 유지하기 위하여 일정 기간 동안 계속해서 종사하는 일의 종류'라고 하였다. 그리고 직업의 필수 구성 요소를 생계의 유지, 계속적인 활동, 사회적 역할의 분담, 노동 행위의 수반, 개성의 발휘, 자아실현이라고 하였다.

한국직업사전(2002)에서는 직업을 유사한 직무의 집합으로 정의하였다. 여기서 직무란 '생산 활동에 종사하는 개별 종사자에 의하여 계속적으로 수행되었거나 또는 수행되도록 설정, 교육, 훈련된 업무'로 직업 분류의 가장 기본적인 개념을 말한다. 또한 유사한 직무란 동일한 형태의 일을 말하며, 일의 계속성이란 일시적인 것을 제외한 다음에 해당하는 것을 말하고 있다.

(1) 매일, 매주, 매월 등 주기적으로 행하는 것
(2) 계절적으로 행해지는 것

MEMO

(3) 명확한 주기는 없으나 계속적으로 행해지는 것
(4) 현재 하고 있는 일을 계속적으로 행할 의지와 가능성이 있는 것

그러나 다음과 같은 활동은 직업으로 보지 않는다.

(1) 이자, 주식배당, 임대료(전세금, 월세금) 등과 같은 재산 수입이 있는 경우
(2) 연금법, 생활보호법, 국민연금법 및 고용보험법 등의 사회보장에 의한 수입이 있는 경우
(3) 경마, 경륜 등에 의한 배당금 수입이 있는 경우
(4) 예적금 인출, 보험금 수취, 차용 또는 토지나 금융자산을 매각하여 수입이 있는 경우
(5) 가사활동
(6) 정규 교육기관에 재학하고 있는 경우
(7) 시민봉사활동 등에 의한 무급 봉사 일에 종사하는 경우
(8) 법률위반 행위나 법률에 의한 강제노동을 하는 경우, 즉 강도, 절도, 매춘, 밀수 및 수형자의 활동

1.2 직업정보

1.2.1 직업정보 활동

직업정보는 개인적 차원에서 국가적 차원에 이르기까지 다양한 영역과 범위에서 활용된다. 직업정보는 노동 생산성과 노동 시장의 효

MEMO

율성을 높일 수 있다. 직업정보는 개인적 측면에서 노동 시장에 대비할 수 있게 하며, 기업 측면에서 정확한 직업별 수행 직무 파악으로 합리적 인사 관리와 과학적 안전 관리를 할 수 있게 한다. 국가적 측면에서는 체계적인 직업정보를 기초로 한 직업 훈련 기준을 설정하고 고용 정책 결정의 기초 자료로 활용된다.

1.2.2 직업정보 활동의 단계

직업정보 활동은 다음과 같이 다섯 단계로 구분할 수 있다.

(1) 정보의 수집

필요한 시점의 가장 최신의 자료를 신뢰성 있는 정보원에서 수집하는 과정

(2) 정보의 분석

수집된 정보를 분류하고 비교하는 과정

(3) 정보의 가공

재편집하여 사용하기 좋은 형태로 요약, 정리하여 정보로서 가치를 높이는 과정

(4) 정보의 제공

정보의 형태, 내용, 시간, 장소 등의 여건에 따라 효과적인 제공을

하는 과정

(5) 정보의 평가와 축적

정보의 가치에 대한 평가 과정과 미래의 정보를 예측하는 데 유용한 자료가 되는 축적의 과정

MEMO

1.3 직업정보 탐색

직업정보를 탐색하는 종류에는 다음과 같이 주요 4가지가 있다.

1.3.1 인쇄 매체를 이용한 방법

(1) 한국표준직업분류
(2) 한국표준산업분류
(3) 한국직업사전
(4) 한국직업전망서
(5) 기타 도서목록

1.3.2 인터넷을 이용한 탐색

(1) 고용노동부의 워크넷
(2) 한국직업정보시스템
(3) 한국직업능력개발원

MEMO

(4) 국가 기관의 공공 취업 사이트
(5) 민간 고용 정보 사이트

1.3.3 다양한 매체를 이용한 탐색

(1) TV 프로그램
(2) 게시판
(3) 전시회
(4) 영화

1.3.4 면담을 통한 탐색

(1) 직업 혹은 직업교육 기관 대표자 면담
(2) 인사관리자의 직접 방문
(3) 직무분석
(4) 직업상담소

2. 직업 찾기

직업 찾기는 진로 정보 활동의 세부 사항으로 볼 수 있다. 여기서는 진로 정보 활동을 통해서 알게 된 방법을 활용하여 자신이 원하는 직업을 구체화하여 나가는 활동을 한다. 방법에는 여러 가지가 있겠으나 두 가지 방법을 소개한다.

MEMO

표 11.1 직업 탐색 활동표

직업	하는 일	직업 환경	인간 관계	진로유형 생활방식	학력 능력	유망 직종	고용 기회	수입	순위

2.1 직업 적성검사 결과

직업 적성검사를 하게 되면 결과의 하나로서 자신의 진로 유형을 알게 된다. 이 진로유형은 1차 진로코드와 2차 진로코드로 나타나는데 이 코드를 가지고 간편 홀랜드 진로코드 분류표(안창규·안현의, 2003)에서 찾을 수 있다. 일반적으로 1차 코드로서 맞는 직업을 찾을 수도 있으나 그렇지 못한 사람은 2차 코드를 이용해서 찾을 수 있다.

개인에 맞는 직업을 10가지 정도 선택한 <표 11.1>의 양식에 기입하여 적극적으로 자신의 직업을 탐색하도록 하는 것이 좋다. 시간이 많이 걸리게 되므로 베스트 3~5 직업을 선택하도록 한다. 표에는 자신의 만족도에 따라 ○, ×를 표시하거나 기입할 수 있다.

MEMO

2.2 온라인 직업 찾기

현재 가장 많은 데이터를 가지고 있으며 접근하기 쉬운 사이트는 고용노동부의 워크넷이다. 여기에는 직업 찾기에 관한 많은 데이터가 있는데 대표적인 것은 다음과 같다. 직업과 진로에 관한 국내 대표적 전문 기관인 한국직업능력개발원, 고용노동부 한국고용정보원 등의 홈페이지는 유명하다. 그 외에는 유명한 취업알선이나 취업정보를 제공하는 전문 회사가 운영하는 취업 사이트들이 있다.

2.2.1 직업검색

직업은 1차, 2차, 3차 분류로 나누어 검색할 수 있다. 예를 들면, 컴퓨터 화면에서 1차 분류 박스에서 사회복지 및 종교 관련직을 체크한 다음 2차 분류로 넘어간다. 그러면 2차 분류 박스에는 사회복지 전문직, 보육사 및 생활지도원, 종교 관련직이 화면에 나타난다. 다음에 사회복지 전문직을 체크하고 클릭한다. 그러면 3차 분류 박스에서 사회복지사, 상담전문가, 직업상담 및 취업 알선원, 사회단체활동가의 구체적인 직업이 나타난다.

2.2.2 한국직업전망

국내의 대표적인 직업의 특성을 수록하고 있다. 그리고 각 직업의 하는 일, 작업환경, 직업전망, 임금 등에 대한 상세정보를 제공한다. 먼저 화면에서 대분류의 전망보기를 클릭하면 해당직업군의 일자리

MEMO

수 변화, 입직경쟁률, 고용안정성, 추가로 필요한 인력에 대하여 수치를 그래프로 제공하고 이에 대한 설명을 하고 있다.

2.2.3 직업관련 동영상

직업탐구와 UCC공모전 작품 등이 올려져 있다. 이를 통하여 다양한 직업에 대하여 동영상을 볼 수 있게 되므로 한층 직업 찾기에 실제적인 도움을 줄 수 있다.

2.2.4 JOB MAP

JOB MAP은 2005년 전국 5만 가구의 7만 여명 취업자를 대상으로 실시된 '산업, 직업별 고용구조 조사' 결과로서 194개 산업과 392개 직업별로 임금, 종사자수, 남녀비율, 근속년수 등 자세한 노동시장 정보를 볼 수 있다. 필요한 자료는 파일로 다운로드 할 수 있으므로 개인적으로 계속적인 취업활동에 도움이 된다. JOB MAP은 직업명 검색과 산업분류별 검색이 가능하다.

2.2.5 기타

그 외에 유용한 자료를 제공하는 곳으로는 한국직업능력개발원과 한국고용정보원이 있다. 각각 청소년들의 진로에 대하여 심층 있게 다루고 있으며 많은 데이터를 가지고 있다. 직업은 물론 학과 선택에 관한 정보를 제공한다. 한국고용정보원에서 제공하는 한국직업정보시스템에서는 이색 직업을 소개하는 코너를 가지고 있다.

MEMO

3. 직장 찾기

3.1 직장 찾기

직장 찾기는 직업을 찾은 학습자가 직장을 찾는 활동을 말한다. 즉, 학습자가 찾은 직업군에서 동종업계의 회사들을 찾는 일이다. 여기에서 찾은 정보는 포트폴리오를 만들 때 중요하게 사용된다. 회사에서 원하는 인재상이 있기 때문에 그에 맞추기 위해서는 학습자가 미리 준비하여야 한다. 언제까지 어떤 자격증을 취득하여야 하는지, 영어는 어느 정도로 공부하여야 하는지, 그 외에도 필요한 내용은 없는지 등 면밀히 준비하여야 한다. 따라서 직장 찾기는 5개년 계획 세우기에도 필요한 기초자료가 된다. 그리고 면접시 갖추어야 할 회사의 기본적 지식으로 활용된다. 학습자 본인이 정말 희망하는 직장이라면 열정을 가지고 이 활동에 임하여야 한다. 입사하려는 동기야 말로 취업활동을 꾸준히 해나갈 수 있는 원동력이 될 것이다.

3.2 직업체험 프로그램

대학생에 있어서 직업체험 프로그램은 여러 가지 방법이 있다. 대표적인 프로그램은 자원봉사활동, 현장실습, 직장체험 프로그램, 인턴십 프로그램, 아르바이트와 같은 단기 취업 등이 있다.

MEMO

3.2.1 자원봉사활동

(1) 개요

전공학과와 상관없이 주로 학기 중에 자발적으로 참여하는 활동으로 여러 직업 흥미유형으로 구분되는 직업 환경을 사전에 체험하는 기회를 가진다. 자원봉사활동은 관련분야의 체험 활동을 하면서 다양한 인적 네트워크를 형성하는 좋은 기회가 될 수 있다.

(2) 대상

재학 중인 학생으로 전공과 무관하다.

3.2.2 현장실습

(1) 개요

전공학과에서 방학 중 또는 학기 중에 실시하는 전공 현장실습을 말하며, 실습을 통하여 전공에 대한 이해와 직장체험의 효과를 가져온다.

(2) 대상

현장실습을 운영하는 학과의 졸업 학년의 학생들이 주로 해당된다.

MEMO

3.2.3 직장체험 프로그램

(1) 개요

취업 전에 희망하는 분야의 업종에서 1개월 이상 연수하면서 직업을 체험하는 프로그램으로 고용노동부 등과 같이 정부에서 학생과 산업체에 연수비용을 지원하는 프로그램이다.

(2) 대상

졸업 학기가 아닌 학생이면 가능하며, 시행지침에 따라 자격조건이 다르다.

3.2.4 인턴십 프로그램

(1) 개요

졸업 전에 취업하고자 하는 직장을 정하여 계약에 의해 인턴십으로 근무하다가 취업으로 연계하는 프로그램이다. 국내의 경우 취업 프로그램의 성격이 강하며, 해외 인턴십 프로그램도 참여할 수 있다. 주로 산업체가 많이 참여하며 공공기관이 참여하기도 한다.

(2) 대상

졸업을 앞둔 최종 학년의 학생들이 해당된다.

MEMO

3.3 직장 정보

3.3.1 직업정보

직업정보를 알아보기 위해서 고용노동부 워크넷의 직업정보를 이용하는 것이 좋다. 대표적 직업정보 자료는 한국직업사전, 한국직업전망서, 한국직업정보 시스템, 직업탐방 등이 있는데, 이 모든 것이 워크넷에 탑재되어 있다.

3.3.2 한국직업정보 시스템의 직업정보 검색

키워드로 직종찾기, 조건별 검색, 나의 특성에 맞는 직업찾기, 분류별 검색이 가능하다. 나의 특성에 맞는 직업찾기는 지식으로 찾기, 업무수행능력으로 찾기, 그리고 통합찾기를 할 수 있다. 따라서 대학 1학년 단계에서 전공학과의 졸업 및 진로 유형을 검색할 수 있으며, 타전공이나 관심 있는 직업의 정보를 스스로 탐색할 수 있는 편리함이 있다. 검색을 하게 되면 각 직업의 하는 일, 교육/자격/훈련, 임금/직업만족도/전망, 능력/지식/환경, 성격/흥미/가치관을 요약하여 알려준다.

3.3.3 온라인 직업탐방

더 자세한 직업정보를 알기 위하여 한국직업정보 시스템 상에서 직업탐방을 하면 된다. 검색하고자 하는 직업은 어떤 일을 하는지, 어떻

MEMO

게 준비하여야 하는지, 직업의 현재와 미래에 대하여 자세히 알려준다.

이외에 중기업 이상의 상장기업에 취업하려는 학생들은 전자공시시스템이나 한국기업데이터 등의 사이트를 이용하면 될 것이다. 일반적으로 큰 회사의 경우는 회사 홈페이지에 기업에 관한 많은 자료를 탑재해 두고 있는 것이 보통이다. 따라서 학생들은 해당 기업의 홈페이지에서 기업 IR 자료를 확보할 수 있게 된다. 전자공시시스템에서는 기업개황, 기업의 보고서 및 공시자료를 손쉽게 찾을 수 있다. 그러나 기업에 관한 자세한 정보를 구하려면 한국기업데이터와 같은 기업에 대한 정보 또는 신용평가 자료를 구하여야 한다. 이때는 소정의 신청을 거쳐야 하고 적지 않은 수수료를 지불하도록 되어 있다. 예를 들어, 한국기업데이터의 경우 얻을 수 있는 데이터는 기업요약보고서, 기업표준보고서, 기업종합보고서, 기업심층보고서 등이 있는데 보고서의 종류에 따라 학생에게는 다소 비싼 보고서 수수료를 내야하는 부담이 있다.

이와 같은 활동을 함으로써 해당 기업의 개요는 물론 최근의 경영상태까지도 알 수 있게 된다. 인터넷이 발달한 요즘에 대학생들은 쉽게 정보 검색을 할 수 있으며 빠르게 정보에 접근할 수 있다. 문제는 입수한 해당 자료에서 어떻게 필요한 사항을 알아낼 수 있는가 하는 것이다. 이를 위해 많은 공부를 하여야 하며, 자신의 직장을 알아보는 것인 만큼 많은 노력을 기울여야 할 것이다.

4. 직장탐방 계획 세우기

MEMO

4.1 직장탐방

직장탐방은 진로정보 활동의 하나로서 일반적으로 직업 탐색의 장면에서 수행한다. 경우에 따라서는 초등학생 대상으로 직업의 종류를 알아보기 위한 과제로 활용되기도 한다. 초등학생의 경우에는 부모님이나 친지 혹은 주변의 지인이 근무하는 직장을 방문하는 것이 보통이다. 대학생의 경우는 일반적으로 현장실습을 통하여 직장에 대한 정보를 아는 것이 보편적이라고 할 수 있다. 그 외에도 인턴십 또는 아르바이트 등을 통하여 아는 경우도 있을 수 있으며, 보다 적극적인 방법으로 직접 회사를 방문하는 것을 생각해 볼 수 있다.

여기서는 학습자 개인이 프로그램을 통하여 알게 된 자기 이해에 관한 정보 중에서 적성을 중심으로 하여 베스트 5에 속한 직업을 대상으로 탐방 계획을 세우도록 한다.

4.2 직장탐방의 단계

직장탐방은 직장탐방 계획하기, 예약하기, 탐방하기, 인터뷰하기, 보고서 작성하기의 단계로 진행한다.

MEMO

4.2.1 직장탐방 계획하기

(1) 전체 일정
(2) 회사 개요 자료 수집
(3) 예약 일정 및 시간
(4) 보고서 작성 및 감사 인사

4.2.2 예약하기

(1) 회사방문 가능여부 파악하기
(2) 담당직원 연락처 알기
(3) 예약방법 확인하기 : 이메일 또는 전화
(4) 방문 전날 확인하기

4.2.3 인터뷰하기

인터뷰의 대표적 내용은 다음과 같다.

(1) 이 직업을 선택한 동기는 무엇입니까?
(2) 직장에 근무한지는 얼마나 되셨습니까?
(3) 주로 담당하시는 일은 무엇입니까?
(4) 그 외로 다른 업무는 어떤 일을 하십니까?
(5) 직장에 근무하기 위하여 필요한 능력은 무엇입니까?
(6) 필요한 자격증은 무엇입니까?

MEMO

(7) 어떻게 그 능력을 기르셨나요?

(8) 직장에서 가장 보람을 느끼실 때는 언제입니까?

(9) 직장에서 가장 힘들 때는 언제입니까?

(10) 어려움은 어떻게 극복하셨나요?

(11) 급여 혹은 승진 조건은 어떤 편입니까?

(12) 앞으로의 이 직업의 전망은 어떻습니까?

(13) 이 직장을 오려고 하는 학생을 위하여 조언을 부탁드립니다.

4.2.4 보고서 작성하기

(1) 도착 후 즉시 담당자에게 감사의 편지를 작성한다.

(2) 다음 차례의 직장탐방을 위하여 보고서를 작성한다.

(3) 전체적으로 탐방이 잘 이루어졌는지 스스로 평가한다.

(4) 보고서는 포트폴리오에 보관한다.

MEMO

활동하기

1. 나의 원하는 직장을 온라인에서 찾아보자. 또는 수업 중에 제시된 기업체를 찾아보자.

2. 회사의 개요를 프레젠테이션 자료로 만들어 보자.

제12장

구직 활동

1. 인사서류
2. 이력서 작성하기
3. 자기소개서 작성하기
4. 면접

MEMO

1. 인사서류

1.1 모의 인사위원회

모의 인사위원회는 구직활동을 하는 학생들이 가상적으로 구인자의 입장이 되어 보는 활동이다. 모의 인사위원회를 통해서 학생들은 자신들이 제출한 서류가 어떻게 평가되는지를 가상 체험하게 된다. 모의 인사위원회를 경험한 학생들은 구직서류의 작성에 있어서 주의하여야 할 점을 알게 되고 중요한 포인트를 배우는 계기를 획득하게 된다.

1.2 모의 인사위원회의 진행

모의 인사위원회는 다음과 같은 흐름으로 이루어진다.

1.2.1 희망 직장 정하기

가상으로 이루어지지만 본인의 적성과 흥미에 맞는 직장 혹은 유사 업종을 택하도록 한다. 진행 보조를 담당한 학생은 미리 참가자들의 희망 직장을 일정의 양식에 파악하여 둔다. 희망 직장을 정하기 위한 예는 다음과 같다.

MEMO

(1) 다양한 업종을 가진 대기업

예) 삼성물산, SK 등의 대기업

(2) 중소기업

(3) 개인 기업체 또는 기관

1.2.2 지원 서류 작성하기

학생들은 일정 시간을 이용하여 이력서와 자기소개서를 작성하여 제출한다. 이미 프로그램 중에 만들어진 것을 제출하여도 무방하다. 단 이때는 이력서의 상단에 지원 부서를 명기하도록 한다.

(1) 이력서 1통

(2) 자기소개서 1통

1.2.3 모의 인사위원회 구성하기

학생들이 지원 서류를 작성하는 동안 프로그램 진행자는 적당한 수(2~3개)의 인사위원회를 구성한다. 서류별로 유관한 부서를 담당하는 인사위원회로 구성하는 것이 무난하다.

(1) 위원장 1인 : 총괄

(2) 위원 6인 : 서류 전형 작업

(3) 직원 1명 : 관찰 및 기록

MEMO

1.2.4 서류전형 작업

인사위원들은 모의 인사위원회를 시작한다. 인사위원장이 설명하는 인사규정을 듣고 서류 전형작업을 시작한다. 서류 전형작업이 끝나면 기입한 전형결과를 인사부서 직원에게 전달한다.

1.2.5 서류전형 합격자 발표

인사직원은 전형결과를 집계하여 일정 인원을 합격자로 발표한다.

(1) 직원 1명 : 집계 작업
(2) 직원 1명 : 관찰 및 기록

1.2.6 평가회의

인사위원, 인사팀 직원, 감사팀 직원이 함께 평가회의를 갖는다. 감사팀 직원은 관찰 기록을 보고하고 참석자들은 느낀 소감을 발표한다.

1.2.7 방청

원서를 제출하고 모의 인사위원회에 참여하지 않은 학생들은 평가회의부터 방청하도록 한다. 이때 방청자들은 옵저버와 같은 자격이므로 신행 중에 발언하지 않도록 한다.

1.2.8 마무리

MEMO

마지막으로 프로그램 진행자는 마무리를 한다. 이때는 다음의 순서로 참가자들의 느낌을 공유하여 피드백을 갖게 하는 것이 중요하다.

(1) 인사위원장의 진행 경과보고
(2) 인사부서 담당직원의 작업결과
(3) 감사팀 직원의 경과보고
(4) 방청자의 느낌 보고

2. 이력서 작성하기

입사지원서에 반드시 필요한 서류 중 하나가 이력서이다. 보통 중소기업이나 대기업의 경우 이력서의 양식에 제한은 없으며, 보통 인사서식 제1호를 사용하는 것이 무난하다. 그러나 창의성이 발휘되는 직종이나 일부 기업에서는 자유로운 형식의 이력서를 제출하는 것도 색다를 것이다.

2.1 이력서의 구성 요소

일반적인 이력서의 구성 요소는 다음과 같다.

① 성명 및 생년월일

MEMO

② 연락처
③ 현주소
④ 가족관계
⑤ 학력
⑥ 경력사항
⑦ 특기 및 상벌 사항
⑧ 신체사항 및 병역사항
⑨ 사진
⑩ 마무리

2.2 이력서 작성 요령

전문대학교육협의회(2007)는 이력서를 작성할 때의 요령을 다음과 같이 소개하고 있다.

① 사진 : 첫인상을 결정짓는 중요한 포인트, 최근 3개월 내에 정장차림으로 촬영하고, 잘 나온 사진을 사용한다. 이미지 사진이나 지하철에서 찍은 사진은 쓰지 않고 깨끗하게 붙인다.
② 이름 : 이름은 한글, 한문(또는 영문)을 모두 적는다.
③ 주민등록번호 : 주민등록증과 동일하게 기재하도록 한다(개인정보 보호차원에서 기업체에 따라 생략하는 경우도 있다).
④ 주소 : 우편물을 받아볼 수 있는 현재의 거주지를 적는다.
⑤ 연락처 : 긴급 연락처로 연락을 받을 수 있는 전화번호나 핸드폰 번호를 적는다. 자택 전화번호도 반드시 기입한다.

MEMO

⑥ 이메일 : 대부분 기업이 온라인 입사 채용을 하므로 이메일 주소는 반드시 쓴다.

⑦ 학력사항 : 대졸(예정자)자는 고등학교 졸업부터 기입한다. 남자의 경우에는 군 입대일, 제대일, 군별 사항을 학력에 포함시킨다.

⑧ 자격증 : 먼저 취득한 것부터 적고, 자격증 취득 일자와 기관명을 명확히 기입한다.

⑨ 상벌사항 : 각종 대회나 기관, 대학 등에서 받은 상장 중에서 지원회사나 업무와 연관된 것이 있으면 빠짐없이 쓴다. 상벌 사항이 없을 경우에는 이 항목은 생략한다.

⑩ 특기사항 : 봉사활동, 아르바이트 경력 등 학교나 사회에서 활동한 사항들을 적는다. 이 사항들이 많을 경우, 별도 항목으로 만들어 부각시킨다.

⑪ 기타 개인의 능력 : 컴퓨터 활용능력 외에 외국어 시험 성적 또는 자신이 가지고 있는 능력을 덧붙인다.

⑫ 마무리 : 모든 사항이 완성되었으면 한 두 줄 아래에 '위와 같이 틀림없음', '위의 사항은 틀림없음', '위 내용은 사실과 틀림없습니다.' 중 한 가지를 명기한다.

⑬ 날짜 : 한 줄 아래 제출일자를 적는다.

⑭ 마지막 성명 : 이력서를 다시 한 번 확인한 뒤 도장을 찍거나 서명을 한다.

※ 지원 분야는 우측 상단이나 눈에 잘 띄는 곳에 반드시 작성해야 한다.

MEMO

이 력 서

사 진 (3cm × 4cm)	성명	한글		생년월일	19 . . . (남·여)
		한자		주민등록번호	
	주소				(TEL.)

학력	기간	학교명	전공분야
	~	고등학교(졸·중퇴)	
	~	대학교(졸·중퇴)	
	~	대학원(졸·중퇴)	

경력	기간	근무처	직위	업무내용
	~			
	~			

자격및면허	취득 년 월 일	자격·면허명	시행처
	. . .		

병역	복무기간	군별	계급	병과	미필 또는 면제사유
	~				

신장	cm	체중	kg	취미		특기		종교	

가족사항	관계	성명	연령	출신학교	직업	근무처	직위

위에 기재한 사항은 사실과 틀림이 없습니다.

○○○○년 ○○월 ○○일

성명 : (인)

MEMO

3. 자기소개서 작성하기

자기소개서는 입사서류 중 이력서와 함께 가장 중요한 서류 중의 하나이다. 자기 소개서는 한 개인을 보다 깊이 이해할 수 있는 자료이다. 따라서 자기 소개서에는 기업에서 원하는 몇 가지의 내용이 반드시 들어가야 한다. 여기에는 대인 관계, 조직에 대한 적응력, 성장 과정과 장래성 등이 있다.

자기소개서를 작성하는 양식은 없으나 자기소개서에 들어가는 요소를 기본 틀로 하여 개인별로 개성 혹은 독창성 있게 작성하는 것이 바람직할 것이다. 좋은 자기 소개서의 조건으로는 다음과 같은 글을 꼽을 수 있다. 첫째, 자기가 잘 나타난 글, 둘째, 객관적인 글, 셋째, 논리적인 설득력을 지닌 글, 넷째, 자기(성격, 흥미, 특기)와 지망 부서가 일치하는 글, 다섯 째, 표현이 명료한 글이다. 자기소개서 작성 요령은 다음과 같다(황매향, 2007).

3.1 성장 과정

우선 가족 관계를 기술하고, 그 동안의 성장 환경과 배경에 대해 설명한다. 가급적 시대 순으로 적는 것이 좋다. 너무 장황하게 적지 말고 되도록 남들과는 다른 새로운 이야기에 대해 언급한다. 학교나 경력 등은 이미 이력서 또는 지원서에 기록되어 있으므로 이중으로 기술할 필요는 없다. 가훈이나 어려운 환경 속에서 아르바이트 등으로 역경을 딛고 일어선 의지 등을 기술하면 좋다.

MEMO

3.2 성격 소개

성격의 장·단점을 주로 기록한다. 장점을 지나치게 부각시키는 것보다는 솔직하게 자신을 소개하는 것이 좋다. 단점도 언급하면서 그것을 극복하기 위하여 어떤 노력을 하고 있는지를 기술하면 오히려 장점으로 부각될 수 있다. 완벽한 인간이란 존재하지 않기 때문에 스스로 완벽하다고 장점만 나열하는 것은 오히려 마이너스가 된다는 것을 명심해야 한다.

3.3 특기 사항

전공 외에도 부전공이나 자격증을 가지고 있다면 기록한다. 학창시절을 얼마나 노력하면서 알차게 보냈는지를 최대한 잘 표현한다. 특히 외국어 구사능력 등의 실력은 구체적으로 밝힌다. 요즘 기업에서는 공인 성적보다는 실제 언어 구사 능력을 중요시 하는 경향이 많으므로 이에 초점을 맞추어 기술하는 것이 좋다.

3.4 지원 동기

취업하고자 하는 기업의 업종, 경영 이념, 창업 정신, 성격 등을 미리 파악하여 그 기업에서 원하는 인재상과 부합하도록 적극적인 사고, 열정, 미래에 대한 도전 의지, 패기 있는 성격 등을 기록하는 것

MEMO

이 좋다. 기업에서 가장 눈여겨보는 부분이므로 구체적인 예를 들어 작성하면 가산점을 받을 수 있다.

3.5 희망 업무 및 포부

희망 업무는 자신의 전공이나 적성을 살리는 데 연관 있는 분야를 선정하는 것이 바람직하다. 평소에 지원 분야의 업종에 대한 관심과 연구가 있다면 더욱 좋을 것이다. 공고를 보고 입사를 생각한 것이 아니라 구체적으로 자기가 선택한 업종에 대한 목표 성취나 개발을 위해 계획을 가지고 있다는 것을 언급하면 기업에 좋은 인상을 줄 수 있다.

4. 면접

입사 면접은 기업과 구직자가 처음 얼굴을 접하는 자리로서 대부분의 기업에서는 1～3차에 걸친 면접을 실시하고 있다. 면접시험의 중요성은 날로 높아지고 있으며 면접 시간의 횟수와 시간이 증가하는 추세에 있다. 최근에는 면접시험의 질문에 대한 모범 답안이 사라지고 변화하는 사회에 보다 잘 적응하는 문세 해결 능력을 중요시하고 있다.

MEMO

4.1 면접의 종류에 따른 분류

유형별 면접 모듈은 다음과 같이 면접의 종류와 면접의 방법에 따라 분류한다(엘리트코리아, 2007).

4.1.1 개별 면접/ 다대일 면접

지원자 한 명과 다수의 면접관이 면접하는 방식이다.

4.1.2 단독 면접/ 일대일 면접

지원자 한 명과 한 명의 면접관이 면접하는 방식이다.

4.1.3 집단 면접

다수의 지원자와 다수의 면접관이 면접을 진행하는 방식이다.

4.1.4 집단 토론 면접

지원자들의 집단 토론을 경청하면서 그들의 말 한마디, 손동작, 듣는 태도 등을 평가하는 방식이다. 짧은 시간 안에 많은 요소들을 파악할 수 있다.

MEMO

4.2 면접의 방법에 따른 분류

4.2.1 자유 면접

가장 보편적인 방법으로 면접관의 자유재량에 의하여 질문하는 방식이다. 내용, 순서, 기타 시간 등의 구애를 받지 않고 진행한다.

4.2.2 표준 면접

면접관의 편견이 개입할 수 있는 자유 면접의 결점을 보완하기 위하여 질문과 평가 기준이 정해져 있는 면접 방식이다.

4.2.3 자기 PR 면접

면접관이 일방적으로 질문하는 것이 아니라 면접 응시자가 자기소개를 하도록 한 뒤 면접관이 질문하는 방식이다.

4.2.4 프레젠테이션 면접

주제 중 하나를 선택해서 자신이 원하는 방식으로 의견을 개진하는 면접 방식이다.

MEMO

4.2.5 블라인드(무자료) 면접

면접관이 수험생에 대해 전혀 알지 못하는 상태에서 진행되며 면접관에게는 응시자의 수험표와 이름만이 주어진다.

4.2.6 압박 면접

면접관이 화를 내거나 응시자의 약점을 들춰내는 방식으로 응시자를 극도의 긴장 상태로 몰아넣고 그 때 지원자가 어떻게 대응하는가를 관찰하는 방식이다.

4.2.7 이색 면접

색다른 장소에서 색다른 방법으로 진행하는 면접 방식이다. 다차원 면접, 합숙 면접, 술자리 면접 등이 이에 속한다.

4.3 면접요령

면접과 관련한 여러 상황별 면접 요령은 다음과 같다(우송정보대학, 2002).

MEMO

4.3.1 대기실에서

많은 지원자들이 대기실에서 점수를 깎인다. 대기실에서부터 면접이 시작된다는 것을 기억하자. 흐트러짐 없는 태도로 차례를 기다리는 동안 예상 질문에 대한 대답을 최종적으로 정리하면서 마음을 가다듬는다. 차례가 가까워지면 심호흡을 하고 다시 한 번 복장을 점검한다. 담당 직원이 이름을 부르면 똑똑히 대답한다.

4.3.2 입실

문을 두세 번 노크하고 들어가며 입실 후에는 정면을 향하여 가볍게 허리를 굽혀 인사한 후 “××번 ○○○입니다”라고 하고 자기의 수험 번호와 성명을 말한다. 의자에 앉을 때에는 둔부를 의자 뒤쪽에 바짝 붙이고 등을 직각으로 한다. 면접 위원의 눈을 너무 빤히 쳐다보거나 시선을 이리저리 돌리지 말고, 면접 위원의 가슴 혹은 턱 부분을 응시한다. 다리는 꼬거나 너무 벌리지 말고 가지런히 한다. 두 손을 무릎 위에 자연스럽게 올려놓고 질문을 기다린다.

4.3.3 질의응답

자신 있는 태도로 면접관을 바라보며 주의 깊게 질문을 청취하고, 답변할 때는 잠깐 생각을 정리한 뒤 또렷하게 대답한다. 면접은 제한된 시간에 이루어지는 것이므로 정확하고 간결하게 대답한다. 무의식 중에 좋지 않은 버릇이 드러나지 않도록 주의한다.

MEMO

4.3.4 퇴장시

면접시험이 끝나고 의자에서 일어나면 앉았던 의자를 정돈한 후 15도 정도의 가벼운 인사를 한다. 그리고 면접에 대한 고마움을 표시하는 인사도 잊지 말도록 하자. 면접 위원은 수험생이 들어오면서부터 나가기까지의 일거수일투족을 관찰하고 있음을 기억해 두어야 한다. 이 때 주의할 점은 면접시험이 끝났다는 해방감에 무의식적으로 문을 거칠게 닫는 일이 없어야 한다.

4.3.4 면접시 피해야 할 사항

이현림(2007)은 면접의 진행 절차를 대기 – 면접장 – 입실 – 질의응답 – 퇴장의 순서로 이어진다고 하고 무리 없이 면접이 이루어지기 위해서는 하루 전부터 준비가 필요하다고 하였다. 다음은 면접시 피해야 할 사항들이다.

(1) 지각은 하지 말아야 한다.
(2) 대기자들과 농담을 삼간다.
(3) 무의식적으로 손이나 발을 계속 흔들어서는 안 된다.
(4) 지나친 화장은 피해야 한다.
(5) 당일 회사에서 제시하는 기재서류에도 성의를 다한다.
(6) 복장에 대한 마지막 점검을 꼭 해야 한다.
(7) 면접 답변시 앵무새가 되지 말아야 한다.
(8) 회사를 나와 일정 범위를 벗어나기까지 말과 행동을 조심한다.

MEMO

활동하기

1. 5명이 한 팀으로 하여 모의 면접 연습을 하여 보자. 구성은 면접관 2~3명, 구직자 1명, 관찰자 1명으로 한다. 각각 담당 역할을 준비하여 연습을 한다. 특히 관찰자는 면접의 전반적인 모습을 기록한다. 연습이 끝나면 평가하는 시간을 갖는다. 시간이 허락되면 역할을 바꾸어 다시 실시한다. 방법을 바꾸어 몇 개 팀을 시범적으로 앞에서 면접을 하고 다른 사람들은 관찰자가 될 수도 있다.

활동하기

1. 모의인사위원회를 해보고 느낀 점을 이야기해보자.

2. 이력서와 자기소개서를 수업시간과 과제물로 작성하여 검토를 받아 보자.

참고문헌

강봉규(2005) 증보판 심리검사의 이론과 기법. 동문사

강서일 역(2004) 대화의 법칙. 청년정신

고경봉・조성희 편역(2001) 분노가 죽인다. Anger Kills, Redford Williams & Verginia Williams (1993). 한언

고려대학교부설행동과학연구소편(1998) 심리척도핸드북 I.학지사

구현정(2003) 대화. 인디북

권은정・조승연 역(2003) 건강워킹. 홍익출판사

권중돈・김동배(2005) 인간행동과 사회환경. 학지사

금한나(2007) 이미지와 국제매너. 한올출판사

김경섭・박창규 공역(2001) 원칙중심의 리더십. 김영사

김교헌・심미영・원두리 공역(2006) 성격심리학. 학지사

김동일(2005) 학업상담을 위한 학습전략 프로그램. 학지사

김봉환 역(2003) 진로상담의 실제. 학지사

김봉환・정철영・김병석(2007) 학교진로상담. 학지사

김진한(2007) 교사를 위한 교육학. 학지사

노동부(2007) 성취프로그램

대한총명학회(2003) 두뇌혁명. 조선일보사

류숙희・이용규・박두규(2013) 진로탐색과 생애설계. 우송대학교

민원식・이승남・이예스더(2002) 시험점수 올리는 건강법. 서울문화사

박기안 역(1993) 시간관리학. 미래비지니스

변영계・박한숙(2004) 초등학생용 학습기술 훈련프로그램 교사용 지도서. 학지사

변창진・김성회・문수백(1991) 학습기술・습관검사 및 훈련 프로그램의 개발과 활용. 한국학술진흥재단연구보고서

서봉연(1975) 자아정체감 형성에 관한 심리학적 연구. 경북대학교 박사학위논문

서창원(2005) 현대심리학 인간심리의 이해. 시그마프레스

서초구립반포종합사회복지관연구지원팀・서울대학교실천사회복지회편(2003) 실천가와 연구가를 위한 사회복지척도집. 나눔의집

손명자(1984) 정서적 심상화의 기제와 효과. 고려대학교 박사학위논문

손연아・이석열・이은화・이은화・장상필・전명남・조용개(2007) 성공적인 대학생활을 위한 포트폴리오. 학지사

손연아・이석열・이은화・이은화・장상필・전명남・조용개(2007) 성공적인 대학생활을 위한 학습전략. 학지사

손정락 역(2000) 현대임상심리학. 시그마프레스

송병일・박영주(2005) 직업진로설계와 취업전략. 학지사

송인섭(2006) 현장적용을 위한 자기주도학습. 학지사

안수경 역(2003) 건뇌식－뇌를 건강하고 활기차게 만드는 건강법. 조선일보사

안영진(2001) 유아생활지도. 삼광출판사

안창규(2005) 홀랜드 진로탐색 상담자 전문교육 초급과정. 한국가이던스

안창규・안현의 역(2004) 홀랜드 직업선택이론. 한국가이던스

안창규・안현의(2003) 홀랜드 진로코드분류표. 한국가이던스

안창규・안현의(2007) 개별상담용 홀랜드 적성탐색검사. 한국가이던스

안창규・채준호(1997) NEO-PI-R의 한국표준화를 위한 연구. 한국심리학회지. 제9권제1호. 443-474

안현의・김동일・안창규(2006) NEO청소년 성격검사 TEST. 한국가이던스

양숙미(2000) 정신지체 성인자녀의 부모를 위한 역량강화 집단프로그램개발과 효과. 서울대학교 박사학위논문

오수담 역(2003) 정리기술. 하서출판사

우성진・신용수(2001) 직업상담의 이론과 실무. 홍익출판사

우송정보대학(2000) 진로포트폴리오. 우송정보대학

우송정보대학(2002) 대학생활과 진로가이드. 우송정보대학

우송정보대학(2007) 치과전문간호조무사 양성과정 교재. 우송정보대학

유태용・김명언・이도형(1997) 5요인 성격검사의 개발 및 타당화 연구. 한국심리학회지 산업 및 조직. 제10권제1호. 85-102

윤유경(1996) 주관적 연령의 예측요인과 심리적 특성에 관한 연구. 이화여자대학교 박사학위논문

이경임・안창규(1996) NEO-PI-R의 임상적 활용. 한국심리학회지. 제8권제1호. 65-79

이경희(1995) 청소년의 스트레스에 관한 연구. 숙명여자대학교 박사학위논문

이계영 역(2001) 프랭클린자서전. 김영사

이명희(1989) 고등학생의 스트레스와 그에 따른 장애에 관한 연구. 계명대학교교육대학원 석사학위논문

이민규(2006) 현대생활의 적응과 정신건강. 교육과학사
이용규(2009) 대학생을 위한 진로지도. 신광문화사
이용규・김명희(2007) 성취체험 프로그램 개발. 우송정보대학
이용규・김주용(2007) 자기주도학습 프로그램 개발. 우송정보대학
이인정・최해경(2000) 인간행동과 사회환경. 나남출판
이정숙(1998) 준비된 말이 성공을 부른다. 가야미디어
이채윤 편(2004) 인간관계의 기본 다시 카네기에게 배워라. 북메이커
이태연・최명구(2006) 생활속의 정신건강. 신정
이현림(2007) 진로상담. 양서원
이형행(1998) 교육학개론. 양서원
장휘숙(2000) 전생애발달심리학 인간발달. 박영사
전경원(2004) 유아의 심리검사와 측정. 창지사
전국전문대학교육협의회(2007) 자기주도형 성공취업과 진로. 전국전문대학교육협의회
전병제(1974) 자아개념 측정 가능성에 관한 연구. 연세논총. 제11권제1호. 107-130
전용신・서봉연・이창우(1963) KWIS 실시요강. 중앙교육연구소
전용신・성백선(1970) 고대비네 검사 작성. 고려대학교행동과학연구소. 행동과학연구. 제1권제1호. 31-42
전용신외 고대행동과학연구소(1970) 고대－비네 검사 실시요강. 문천사
전진수・김완석(2000) 직업상담을 위한 심리검사. 학지사
조영남 역(2005) 수준별・개별화 교수－학습전략. 학지사
조학래(1996) 자원봉사활동이 청소년의 자아정체성과 도덕성 발달에 미치는 영향 연구. 연세대학교 박사학위논문
중앙고용정보원(2001) 2002한국직업사전. 한국산업인력공단
최광수・이성옥 역(2002) MBTI로 보는 다양한 리더십. 죠이선교회출판부
최정원・이영호(2006) 전문가용 학습치료 프로그램 지침서. 학지사
최정훈 외(1986) 고교생과 대학생의 심리적 적응수준 향상을 위한 기초연구. 연세대학교
탁진국(1996) 심리검사 개발과 평가방법의 이해. 학지사
한국고용정보원(2004) 개정판 성인용 직업적성검사. 한국고용정보원
한국산업및조직심리학회편(2000) 직업심리 및 상담. 학지사
한밭대학교부설중등교육연수원(2008) 진로지도직무연수 교재. 한밭대학교

한순미(2004) 평생학습사회에서의 자기주도적 학습전략. 양서원

황농문(2007) 몰입. 랜덤하우스코리아

황매향(2006) 사례로 배우는 진로 및 직업상담. 학지사

황매향(2007) 진로탐색과 생애설계. 학지사

Allport, G.(1961) Pattern and Growth in Personality. New York: Holt, Rinehart and Winston, Inc.

Bandura, A.(1977) Self-efficacy: Toward a Unifying Theory of Behavioral Change. Psychological Review. 84(2). 191-215.

Bandura, A.(1977) Social Learning Theory. Englewood Cliffs, NJ: Prentice-Hall.

Biestek, F. P.(1957) The Casework Relationship. Loyola Univ. Press.

Borgatta, E. F.(1964) The Structure of Personality Characteristics. Behavioral Science. 12. 8-17.

Brown, H. D.(2000) Principles of Language Learning and Training. New York: Longman.

Carver, C. S. & M. F. Scheier(2004) Perspectives on Personality(5th ed.). Pearson Education, Inc.

Cattell, R. B.(1947) Confirmation and Clarification of Primary Personality Factors. Psychometrica. 12. 197-220.

Cattell, R. B.(1963) Theory of Fluid and Crystallized Intelligence: A Critical Experiment. Jouranal of Educational Psychology. 54. 1-22.

Cattell, R. B.(1965) The Scientific Analysis of Personality. Baltimore: Penguin.

Cattell, R. B.(1978) The Scientic Use of Factor Analysis. New York: Plenum.

Costa, P. T., Jr. & McCrae, R. R.(1978) "Objective Personality Assessment". in M. Storandt, I. C. Siegler & M. F. Elias(Ed.). The Clinical Psychology of Aging. New York: Plenum.

Costa, P. T., Jr. & McCrae, R. R.(1994) "Stability and Change in Personality from Adolescence through Adulthood" in C. F. Halverson. Jr., G. A. Kohnstamm & R. P. Martin(ed.). The Developing Structure of Temperament and Personality from Infancy to Adulthood. NJ: Erlbaum.

Covey, S. R.(1989) The Seven Habits of Highly Effective People. Simon & Schuster, Inc.

Covey, S. R.(1997) Principle-centered Leadership. Franklin Covey Company.

Davenport, L.(2001) Order from Chaos. Harvey Klinger, Inc.

Dignan, S. M. H.(1965) Ego Identity and Maternal Identification. Journal of Personality and Social Psychologist. 1(5). 476-483.

Dunn, K. & Dunn, R.(1987) Dispelling Outmoded Beliefs about Student Learning. Educational Leadership. 44(6). 55-61.

Erikson, E. H.(1968) Youth and Crisis. New York: Norton.

Erikson, E. H.(1980) Identity and the Life Cycle. New York: Norton.

Eysenck, H. J.(1967) The Biological Basis of Personality. Ill.: Charles C Thomas.

Eysenck, H. J.(1975) The Inequality of Man. San Diego: EdITS.

Fiske, D. W.(1947) Consistency of the Factorial Structure of Personality Ratings from Different Sources. Journal of Abnormal and Social Psychology. 44. 329-344.

Freud, S.(1973) An Outline of Psychoanalysis. London: Hogarth.(Original work published 1938)

Friedman, H. S. & DiMatteo(1990) "Patient-physician interaction". in Shumaker, S. A., Schron, E. B. & Ockene, J. K.(ed.). The Handbook of Health Behavior Changes. New York: Springer.

Frydenberg, E. & Lewis, R.(1993) Adolescent Coping Scale: Administrator's Manual. Australia: The Australian Council for Educational Research.

Gardner, H.(1983) Frames of Mind: The Theory of Multiple Intelligences. New York: Basic Books.

Getzels, J. W. & Jackson, P. W.(1962) Creativity and Intelligence. New York: Basic Book.

Ginzberg, E.(1990) "Career Development". in D, Brown et al.(ed.). Career Choice and Development(2nd ed.). San Francisco: Jossey-Bass.

Goldberg, L. R.(1981) "Language and Individual Differences: The Search for Universals in Personality Lexicons". in L. Wheeler(ed.). Review of Personality and Social Psychology. 2. 141-165.

Gregorc, A.(1982) Inside Styles: Beyond the Basics. Connecticut: Gregorc Associates.

Gregory, G. H. & C. Chapman(2002) Differentiated Instructional Strategies: One Size Doesn't Fit All. Corwin Press, Inc.

Guilford, J. P.(1967) The Nature of Human Intelligence. New York: McGraw-Hill.

Guilford, J. P.(1970) "Traits of Creativity". in P. E. Vernon(ed.). Creativity. England: Penguin.

Gysbers, N. C. & Moore, E. J.(1987) Life Career Development: A Model. MO: University of Missouri.

Gysbers, N. C., M. J. Heppner & J. A. Johnson(1998) Career Counseling: Process, Issues, and Techniques. Allyn & Bacon.

Havighurst, R. J.(1972) Developmental Tasks and Education(3rd ed.). New York: Harper & Row.

Holland, J. L.(1985) Making vocational choices: A Theory of Vocational Personalities and Work Environments. NJ: Prentice-Hall.

Holmes, T. H. & Rahe, R. H.(1967) "The Social Readjustment Rating Scale". Journal of Psychomatic Research. 11. 213-218.

Ishiyama, F. I.(1984) Shyness: Anxious Social Sensitivity and Self-isolating Tendency. Adolescence 19. 903-911.

Kolb, D.(1984) Experiential Learning: Experiences as the Source of Learning and Development. NJ: Prentice Hall.

Kuder, G. F. & Diamond, E. E.(1979) General Manual for the Kuder DD Occupational Interest Survey. Chicago: Science Research Associates.

Lazarus, R. S.(1966) Psychological Stress and the Coping Process. New York: McGraw-Hill.

Lazarus, R. S.(1984) On the Primacy of Cognition. American Psychologist. 39. 124-129.

Marcia, J.(1980) "Identity in Adolescence". in J. Adelson(ed.). Handbook of Adolescent Psychology. New York: John Wiley.

McCarthy, B.(1990) Using the 4MAT System to Bring Learning Styles to Schools. Educational Leadership. 48(2). 31-37.

McTighe, J.(1990) Better Thinking and Learning. Baltimore: Maryland State Department of Education.

Mercer, C. D.(1991) Students with Learning Disabilities(4th ed.). New York: Merrill Publishing.

Norman, W. T.(1963) Toward an Adequate Taxonomy of Personality Attributes: Replicated Factor Structure in Peer Nomination Personality Ratings. Journal of Abnormal and Social Psychology. 66. 574-583.

O'Mally, J. M. & Chamot, A. U.(1990) Learning Strategies in Second Language Acquistion. Cambridge: Cambridge Univ. Press.

O'Neil, J. M., Ohlde, C., Prosser Gelwick, B. & Farfield, N.(1980) Research on a Workshop to reduce the Effects of Sexism and Sex-role Socialization on Women's Career Planning. Journal of Counseling Psychology. 27. 355-363.

Rosenberg, M.(1965) Society and the Adolescent Self Image. NJ: Princeton Univ. Press.

Rosenberg, M.(1986) "Self-Concept from Middlehood through Adolescence". in J. Suls and A. Greenwald(ed.). Psychological Perspectives on the Self. 3. NJ: Erlbaum.

Sarason, S. B. & Mandler, G.(1952) Some Correlates of Test Anxiety. Journal of Abnormal and Social Psychology. 47. 810-817.

Selye, H.(1974) Stress without Distress. New York: Signet.

Smith, G. M.(1967) Usefulness of Peer Ratings of Personality in Educational Research. Educational and Psychological Measurement. 27. 967-984.

Spearman, C.(1927) The Abilities of Man. New York: Macmillan.

Starkweather, E. K.(1968) "Studies of the Creative Potential of Young Children". in Williams, F. E.(ed.) Creativity at Home and in School. Minn.: Macalester Creativity Project, Macalester College.

Sternberg, R. J.(1985) Beyond IQ: A Triarchic Theory of Human Intelligence. New York: Cambridge Univ. Press.

Sternberg, R. J.(1996) Handbook of Human Intelligence(ed.). London: Cambridge Univ. Press.

Strong, E. K., Jr.(1943) Vocational Interests of Men and Women. CA: Stanford Univ. Press.

Super, D. E.(1974) "Vocational Maturity Theory". in D. E. Super(ed.). Measuring Vocational Maturity for Counseling and Evaluation. Washington. D.C.: National Vocational Guidance Association.

Swanson, J. L. & N. A. Fouad(1999) Career Theory and Practice: Learning Through Case Studies. Sage Publications, Inc.

Taylor, C. W.(1988) "Various Approaches and Definitions of Creativity". in R. J. Sternberg(ed.). The Nature of Creativity. New York: Cambridge Univ. Press.

Thurston, L. L.(1938) Primary Mental Abilities. Psychometric Monographs. 1(1).

Tipton, R. M. & Worthington, E. L.(1984) The Measurement of Generalized Self-efficacy: A study of Construct Validity. Journal of Personality Assessment. 48. 545-548.

Torrance, E. P.(1962) Guiding Creative Talent. NJ: Prentice-Hall.

Torrance, E. P.(1974) Thinking Creatively in Action and Movement. Ill.: Scholastic Testing Service, Inc.

Wiggins, J. S., Phillips, N. & Trapnell, P.(1989) Circular Reasoning about Interpersonal Behavior: Evidence Concerning Some Untested Assumptions Underlying Diagnostic Classification. Journal of Personality and Social Psychology. 56. 296-305.

Wolpe, J.(1969) The Practice of Behavior Therapy. New York: Pergamon Press.

진로탐색과 설계

정가 12,000원

인　쇄　2014년 3월　2일 초판 1쇄
발　행　2014년 3월 10일 초판 1쇄
저　자　이용규
발행인　전귀연
발행처　**신 광 문 화 사**
경기도 파주시 광인사길 201(문발동, 파주출판도시)
Tel (031)955-4211~6　donghwae@kornet.net
Fax (031)955-4217　www.donghwapub.co.kr
(등록) 1991년 6월 26일/6 130호

ISBN 978-89-7432-461-2

공급처 도서출판 **동화기술**